郑张尚芳

博客选

胭脂与焉支

郑张尚芳 著

上海教育出版社

前　言

郑张尚芳先生是一位读万卷书、行万里路的学者,他在上古汉语、民族语言学、汉语方言学诸多研究领域都留下了丰碑式的成果。对于普通读者,他也不完全是一位陌生的人物。网络上流传的一批用上古读音朗诵的古诗文,甚至有同人戏作的上古音配音的《封神榜》,采用的大多是郑张先生的上古汉语构拟形式。汉语研究的大学者,多有在专业研究之外采写小文章的兴味。郑张先生的师长辈里,王力先生有"龙虫并雕"多部文集,吕叔湘先生还翻译过罗伯特·路威(Robert H. Lowie)《文明与野蛮》这样生趣盎然的人类学小书,这两位曾在学业和人生道路上给予郑张尚芳指引和照拂的大师留下的榜样,也在冥冥之中促成了郑张先生这部博客文集的诞生。

郑张尚芳先生在新浪博客的第一篇博文发布于 2006 年,此后的时间里,他一直孜孜耕耘这片网络园地,耐心地与留言的访客朋友沟通交流。最后一篇博文的上传时间是 2017 年 11

月16日。彼时郑张先生已经深罹病魔之苦,不久便入院治疗,在病榻上他还对出版社编集的篇目一一做了初步审读。2018年5月19日,郑张老先生辞世于家乡温州。"春蚕到死丝方尽",这实在是对郑张先生学术人生最好的比照。

这本文集中编选了郑张先生博客中最饶有趣味的一些文章。古人云"虽小道,必有可观者焉",这些小文章处处都能见到深湛学养的厚积薄发。其中有对佛经中称中国为"支那"的语源考察,有对口头俗语"东西"的成词历史的考证,这些都是曾经网络上有过争论的话题,一位专业语言学者的意见,更能起到为读者正本清源的作用;一部分文章是有关温州话、温州民俗的,体现了先生对家乡文化一生的挚爱;还有一部分文章是与社会时事有关的,比如2008年的奥运会开幕式,四川汶川、甘肃舟曲的地震等,反映出一位学者对书斋之外的关切;文集中最引人入胜的是对古《越人歌》的解读,郑张先生利用自己对上古汉语语音的构拟,与古侗台民族语言互相比勘,从而破译了堪称"千古之谜"的古歌原义。我们在此也借用这首古诗里的句子"山有木兮木有枝,心悦君兮君不知"来表达对先生的思慕之情。

此次上海教育出版社根据郑张先生在病中草拟的参考书

目,在文集之末增补了有关的参考文献,方便读者对相关问题做进一步的探索。最后还要感谢插画师不计贽酬,为文集所作的古风插画,与原作文字相得益彰。

王弘治

2019年3月

目 录

1/ "支那"真正的来源

6/ 夏后氏之外的另一种夏人

10/ 华夏文明四千年与夏语记录

15/ 历史上的汶川地震与大禹抗灾

18/ 堰塞湖的疏通与古史谜团的疏通

21/ 中华文明古史及史地歌诀

25/ 玉树和舟曲的本义

27/ 郑和为什么叫三保太监?

31/ 王姓为什么这么多?

36/ 赵姓和《赵氏孤儿》

39/ "滥兮抃草滥""知唐桑艾"和最古译诗

44/ 缅甸国名的来历

47/ 史书中日本为什么叫"倭奴"?

53/ 日皇世系怎比孔子世系长?

57/ "胡"人的原语

60/ 畲话及畲族的迁徙

64/ "塞思黑""阿其那"不是猪狗

66/ 藏汉语言"一奶同胞"的亲缘关系

70/ 古国名与古音相印证

73/ 乌鲁木齐的语源两说

76/ 英语sun与满语hun的音义追踪猜想

78/ 苋羊今天还有吗?

80/ 送马迎羊的汉藏比较

82/ 《诗》《书》语言的民族成分

85/ "胡同"非借自蒙古语"水井"

89/ 东西、南北的本义是什么?

91/ 古代房屋建造上的"东西"选择

94/ 迎丙申,说干支所反映的古语信息

98/ 为何说中国文明独是未中断的古文明?

100/ 《周易》剥卦新译解

103/ 孔子赞仁与医为仁术

105/ 奥运开幕式的击缶失误

259/ "唯女子与小人为难养也"续解

262/ "出门看"还是"出看门"?

264/ "帝"字的字源

267/ 新词的引入与传播

272/ 外来字与外来词

275/ 词汇的古今替换

278/ 同义连用复合词方言假借的辨识

281/ 《诗经》"笃生"释义

283/ 方言中房子的说法

286/ 语词的失传与误传

287/ 择定本字要重视历史记录的价值

289/ 清华简《耆夜》写的是旅酬

291/ 说"查"与"虘"

293/ 参考文献

301/ 后记

漫话史语皆学问——父亲与他的博客

"支那"真正的来源

缅文古称中国为 Cin'[sin'] 或 Cina[Sina]，和梵文 Cina、希腊语 Thinae、其他欧洲语 Sin-（拉丁语 Sinae、英语、法语 Chin-）同源，通常都认为这些都是汉语"秦"的对音，见伯希和引马丁尼说（Pelliot Paul，1904；罗常培 1950）。

其实这种说法有几处疑点：

第一，秦始皇虽然一统中国建立了"秦"王朝，然而秦朝存在的时间，放在历史长河中，则过于短暂。而在此之前，在作为周之诸侯国这一段比较长的历史时期中，秦之先人对胡狄的影响力不逮三晋。按《史记》载，晋文公伐逐戎翟迎回被逐的周王，晋悼公甚至能使戎翟来朝晋；赵襄子逾疆吞并代地以临胡貉，赵武灵王胡服骑射北破"林胡、楼烦"置三郡，李牧致使匈奴不敢入边。晋相邻于三狄，其中赤狄潞氏、甲氏、留吁、铎辰，长狄鄋瞒，各部皆灭于晋景公，白狄因收留过文公重耳得免，而其后"肥、鼓"亦灭于晋昭公、晋顷公，仅鲜虞（中山）灭于赵惠文王。秦国的影响力则主要体现在与西戎的关系上。就全国来说,晋自文公创霸,"襄、景、厉、悼"四公继霸,在中原诸侯间也曾一度有"周衰晋兴""周卑晋继"之说。

秦之建国既远晚于晋,先期在全国的影响力也远逊于晋国,不可能越过晋而代表中国。

第二,"秦"字的上古音构拟为 *zin＞dzin,古代汉语中一直念作浊音,至近代汉语时方始变清音。上引(见第一段)各外语大都并不缺浊声母,如是对译"秦"字,为什么却全都对译作清音,无一作浊音呢? 令人怀疑。

第三,几种古印度语文献早于秦代就称中国为 Cina 了(较晚的有笈多王朝大臣所写的《治国论》,年代在公元前 300 年间,也早于秦武王,早于秦王嬴政则近百年),后来汉译佛经译之为"脂那、支那、至那",又或称 Cinisthāna,汉译"震旦、振旦、真丹",按-a、-isthana 皆为其语之邦域地名后缀,词根 cin 都回译为章母字"震振真"或"脂支至"等,也都明显是发清音的。波迪埃(G.Pauthier)说,据最古老的《摩奴法典》,公元前 1 000 余年前,人们从印度迁至中国西部成立 Thsin 国。Thsin 与 China 为同一个字。

H.裕尔(H.Yule)《东域纪程录丛》第一章讨论 Cina 名称的

起源时指出,"支那"Cina自古就为印度人所知,并据德经等人所说,已提出"支那"可与"秦"有关,也可与某个具有类似称号的国家有关,其中即有晋 Tsin 和郑 Ching。我们现在知道,"郑"上古音读 deng 是不合要求的,而"晋"则较符合要求。

交通史告诉我们,最初印度及西方人,是通过中亚人从北方草原的胡人(狄、匈奴)处得知中国的。草原民族南下最初碰到的应是周成王时分封于北边的"晋"*?sin(＞tsin)国(叔虞始封于唐,其子燮父因所都傍晋水而改称晋侯),过二三百年后才又碰到周平王分封的"秦"*zin(＞dzin)国。(依夏商周断代工程所定,公元前 1046 年武王伐纣封建,至平王公元前 770 年封秦,共 276 年;若依"成王继位伐唐以封叔虞"说则减 4 年,若依我友吴瑞松的"伐纣在公元前 1050 年"这一说,则再加 4 年,相隔年数仍皆在 272—280 年之间。)

秦晋两国相邻,古音又相近,可能胡人乃据最初印象的"晋"而混称秦晋同为清音 Tsin。(何况汉以后还有 250 年的晋代,可加深其清音印象,此外,历史上的"五胡乱华"正为五胡乱晋。)《史记·大宛列传》《汉书·匈奴传》《西域传》《佛国记》中所称的"秦人"之原语可能就是清音之秦晋混称。

晋北地区一向为胡狄集中之地,他们更熟悉其南之"晋"并以之代表中国，这不奇怪。跟后来以"契丹"及"大魏"转音的"桃花石"转称中国一样，也都是先由草原人熟知的北国之名，再命名为全国之称的。这也跟汉代人称印度为"天竺、身毒"（天、身古读 h-声母），是学的伊朗语 Hinduka，土耳其人称印度为 Hint，是学的阿拉伯语，唐代人称阿拉伯为"大食"，是学的波斯语 Tajik 一样，都是从跟自己更近的邻居处获取更远一国的名称的。所以唐代玄奘根据亲身至印度的所闻而改译"印度"时，他指斥早期译名"天竺、身毒、贤豆"皆讹，其实他不明白，那不是本语的讹译，而是从相邻中亚称呼转译的"从邻称"。从邻称是交通史上一种颇为常见的惯例。

现今汉语称 Russ、Russia 为"俄罗斯"（Éluósī）以至"俄"（É）国，"E"就是因为北边阿尔泰语言（"突厥、蒙古、通古斯"）各族都没有把 r 放在词首的习惯，要发 r-就得先加个元音，如柯尔克孜语说 Orus，蒙语说 Oros，于是罗斯就说成俄罗斯了，这是汉语中"从邻称"的典型例子。

历史上，中日交恶时期，日本有某些人故意地以"支那人"贬称中国人，这是不了解此词原义。其实这个词最早见于佛经对梵语 Cina 的翻译，在印度原含有称誉"文明智慧之国"之意。《翻译名义集》："支那，此云文物国。"《慧琳音义》卷二十二震旦国:"或曰支那,亦云真丹,此翻为思惟。以其国人多所思虑,多所计作,故以为名。即今此汉国是也。"

从 Cina 直到现代英语的 China、法语的 Chine,这些都是清音。有关唐时西邻的记录,还可看龚方震《唐代大秦景教碑古叙利亚文字考释》(《中华文史论丛》1983-1 辑),文章指出,该碑文显示,古叙利亚文称中国为 Ṣinstan,中国人为 Ṣinaya,生在亚历山大的埃及人科斯马斯(Cosmas)在公元 547—550 年间用希腊语写的《世界基督教地志》则把中国写作 Tzinistan(-stan 是印度-伊朗语表地方、国家的后缀,该地志原文省作-sta),早在 3 世纪时,波斯萨珊王朝的钵罗婆文文献中即已有 Čīnīstān,古叙利亚文、希腊文没有 č,所以写成 Ṣin、Tzin,但都指示着清音。后来埃及的 Maqrizi(1364—1442)在《埃及史》里称成吉思汗为 Malik aš-šīn(中国国王),中国也仍念作清音的 šīn。

至于我国南方一些民族如毛南语称汉人为 cin¹(水语的又称也相近),又如黔东苗语之 cen⁵,察其音韵,则 c 乃与见母对应,那又可能是指"荆"(楚国),而不见得与"晋"相关了。

夏后氏之外的另一种夏人

禹接替舜为部落联盟共主,称夏后氏,《史记·夏本纪》"夏禹"正义:"夏者,帝禹封国号也。《帝王纪》云:禹受封为夏伯,在豫州外方之南,今河南阳翟是也。"(古本《竹书纪年》作阳城,非阳翟。)

原来夏是禹成功后的封地,所以禹也曾被称为"戎禹",因他出身原不是夏人是戎人(生于石纽,在汶山广柔);或称"崇禹"(《逸周书·世俘》),《尧典》"伯禹"传"禹代鲧为崇伯"。那么"夏"是在他被封之前已有此名,禹被封为夏人君长,故才称夏后(夏王称后,如古本《竹书纪年》后启、后相、后泄、后桀,即因戎语首领为"后",比较藏文 hgo),而不单称有夏。

这就如周王弟叔虞被成王封为唐君,故称唐叔,但那里不仅原是周王所灭唐国之都,也是一处故夏虚,所以《左传》定公四年叙述分封唐叔事:"命以《唐诰》,而封于夏虚,启以夏政,疆以戎索。"(杜注:夏虚,大夏,今太原晋阳也。)新君来了,不是靠周法还拿原住民的习惯法来管治。后来叔虞之子燮父改国号为晋,三家分晋后魏国自命晋国正统,还"乘夏车,称夏王"(《战国策·秦策四》)。

此处故夏虚也称大夏之虚。《左传》昭公元年:"子产曰:昔高辛氏有二子……,季曰实沈,……迁实沈于大夏,主参,唐人是因,以服事夏商。……及成王灭唐,而封大叔焉,故参为晋星。"《括地志》:"夏后别封(尧裔子)刘累之孙于大夏之墟为唐侯。"这都把夏后与大夏分别开来,对着说。

《尚书》在夏后氏之前,已提到夏。《尧典》:"帝曰:皋陶,蛮夷猾夏,寇贼奸宄。汝作士,五刑有服,五服三就。"伪孔传"猾,乱也",《史记》集解引郑玄注:"猾夏,侵乱中国也。"牟庭《同文尚书》:"按,猾夏者,谓中夏人之狡猾者。……僖二十一年《左传》曰:'蛮夷猾夏,周祸也。'谓或蛮陌外夷,或中夏狡猾之人,皆为周祸,非谓蛮夷侵中夏独足为祸也。"这些猾夏还和蛮夷一样成了皋陶专政的对象,因此俞樾《俞楼杂纂》二十五又引《孔宙碑》"是时东岳黔首、猾夏不宁"为比,疑夏为扰(擾)。而梁启超《中国历史研究法》第五章则提出质问:《尧典》"此语盖甚可诧。夏为大禹有天下之号,因禹威德之盛,而中国民族始得'诸夏'之名,帝舜时安得有此语?假令孔子垂教,而称中国人为汉人,司马迁著书,而称中国人为唐人,有是理耶?此虽出圣人手定之经,吾侪终不能不致疑也"。

在过去,以上这些疑问的确很难解释。

现在我们知道,中国古代北方曾分布着一个大夏族,不但在北狄形成的过程中是重要成素,甚至还可能是中原一些地区的先住民族,和中原华族先民包括夏后氏有交替关系。看历史遗留的大量夏虚,就既有夏后的,也有大夏的。

《史记·秦始皇本纪》:"禹凿龙门,通大夏。"这是禹治水时所到之地域,可能即于此留下重大影响。按《水经注》:"大夏川迳大夏故城南,东北注于洮水。"可见大夏河因古大夏城而得名,今甘南大夏河旁还有临夏县夏河县。

《史记·封禅书》:"桓公曰:寡人北伐山戎过孤竹,西伐大夏涉流沙。"

《管子·小匡》载齐桓公:"西征,攘白狄之地,遂至于西河,方舟投柎、乘桴济河,至于石沈,县车束马,逾太行与卑耳之貉,拘秦夏,西服流沙西虞,而秦戎始从。"秦夏即上列封禅书的大夏,国近西河,西近流沙。

秦始皇《琅邪台铭》:"西涉流沙,南尽北户,东有东海,北过大夏,人迹所至,无不臣者。"即秦时尚以大夏作为北方国族的代表。

《逸周书·王会》北方台"其西般吾白虎,屠州黑豹,禺氏騊騇，大夏兹白牛……"下还列有犬戎、数楚、匈奴。此篇所附托名伊尹的《商书·四方献令》："正北空同、大夏、莎车、姑他、旦略、豹胡、代翟、匈奴、楼烦、月氏、孅犁、其龙、东胡，请令以橐驼、白玉、野马、騊駼、駃騠、良弓为献。"

上篇内大夏都和月氏（禺氏）、匈奴并列，作为北方游牧民族代表贡献牛马骆驼。但我们另文怀疑过，大夏（古音 *dagraa）就是吐火罗 tokhara，藏文 tho-gar 的兼意音译，是白种的印欧人，月氏是其一支（乌孙也是），它们的势力从中原撤出后，退保河西走廊及新疆，在唐代还分布在焉耆、龟兹、吐鲁番，有吐火罗语文献为证，但后来融合于突厥人。部分大夏人西迁到妫水以南的"大夏"（Bactria）的，以后也融入当地人种，文书采用了当地语言，但原来正说吐火罗语，《汉书》称其都城"监氏"，《史记》作"蓝市"，就是吐火罗语 kamti（城）。

在中国北方游牧族与其南方华人较量中失利而导致的大西迁有三次，其中最早西迁的游牧族是大夏，其次是匈奴，最晚是唐代的突厥，他们都引发了其他民族的迁徙链，所以叫作大迁徙（详拙作《大夏西迁及大夏、月氏、焉夷、龟兹的对音勘原问题》）。

华夏文明四千年与夏语记录

人类社会从野蛮时代跨进文明时代,是以建立国家、都邑和创建文字为标志的。

一向说旧大陆有四大文明古国。古埃及、苏美尔-巴比伦-亚述都比中国早二三千年,且那时就有了古埃及象形字和楔形文字。但它们所记录的语言和文明都没有传承下来,现在埃及、两河流域使用的是阿拉伯语和伊斯兰文明,而不是原来的古埃及语、古两河语文明。印度河古文字所代表的文明也没有传承下来,千年后由北方迁入的游牧雅利安人最初也没有文字,因贸易而在阿拉米字母影响下发展出婆罗米字母来,才记录了他们的梵语系语言,故印度文字也不是由原始文明的直接继承发展来的。

由原创文字记录的古文明一直传承至今而不衰的,只有我华夏文字和文明。

虽然我国向有五千年文明之说,那是从黄帝算起,传说他最早已经建城，而其史官仓颉、沮诵创建了文字，但这只是传说。黄帝时代的语言和文字是什么样子的，没有物证，连影儿都不好说。严格说来，我国历史上最早建立国家的自然在夏代，《世本》也记录禹父"鲧作城郭""禹作宫室"。在传统文字文献上我们还可见到《尚书》的"虞夏书"，《左传》《国语》《吕氏春秋》《墨子》所引的二十多则《夏书》和《夏小正》等，不过它们是否真是夏代之作遗留或部分遗留，还有待证明。就目前的考古实物材料来说，我们还只能见到商代的甲骨文实证。不过甲骨文已经是成熟的文字，它理应经历过长期的发展过程，《尚书·多士》说"惟殷先人有册有典"，殷人祖先的时代即是在夏代，其典册记录的应是夏代的汉语，有可能记商人自己的语言，也有可能学的夏语。

甲骨文所记，属于汉语的前身华夏语，无可怀疑。比如卜辞"今日不遘大风""土方侵我田"，跟今汉语相差还不太大，跟周代的"雅言"更无大差异。而雅言其实就是"夏"言。

《荀子·荣辱》篇"越人安越，楚人安楚，君子安雅"，王先谦集解引王引之："'雅'读为'夏'，夏谓中国也。"《儒效》篇又说："居楚而楚，居越而越，居夏而夏，是非天性也，积靡使然也。"说明雅就是夏，因为中原人住的是夏地，所以就习惯说夏语了。

雅同夏不错,《诗经》上博楚简《孔子诗论》的大雅,郭店楚简《缁衣》引的大雅、小雅,雅都作"顕",即夏字。

看来孔子说的不错,三代文化是相袭的:"周因于殷,殷因于夏。"那么三代时汉字所记本就是夏语。目前虽然未见地下出土的夏语文献,但有可信的夏语记录可以说明它确属雅言系统。

当年王国维专文以甲骨文证明《史记·殷本纪》商王与先公的世系基本正确,在《古史新证》中又进一步论述:"右商之先公先王及先正见于卜辞者大率如此,而名字之不见于古书者不与焉。由此观之,则《史记》所述商一代世系,以卜辞证之,虽不免小有舛驳,而大致不误。可知《史记》所据之《世本》全是实录。而由殷周世系之确实,因之推想夏后氏世系之确实,此又当然之事也。"

我国史书有个好传统,凡记各族人名地名都严格照原语记音,因此即使其他的夏代记录都不可信,这《夏本纪》《竹书纪年》所记夏代十四世十七王的王名也应该是确凿的夏语记录。从这17个王名中,我们也能发现夏语的5个特点,已经足以表明它是属于华夏语言系统的。

1. 夏＝雅,取义于正、大(《尔雅》《方言》);采绘＝华(《周礼·染人》《尚书·顾命》)。

2. 夏王称"后",故称"夏后氏"。《说文》:"后,继体君也……,发号者君后也。"此词不但汉语继承了,藏语 hgo 也继承了。

3. 夏代17个王中有7个王是双字名,除"不降"外,6位王皆以生日的天干为名:"太康(康＝庚)、中康(《纪年》作仲康)、少康、胤甲、孔甲、履癸"("庚、康"字根同,《殷本纪》"廪辛传弟庚丁",卜辞就作"康丁"),此习例后来被上甲以下商王所仿效。但以天干记日原是夏人风习,夏禹说自己"娶于涂山,辛壬癸甲",此四天婚期他就以天干来称呼(《皋陶谟》)。所以《易经·蛊》以"先甲三日",《易经·巽》以"后庚三日"的"辛壬癸"为吉日,那原是夏禹的大喜之日。天干的语源则基于作物种植加工的汉语称谓。

4. 以上夏王名如加修饰语,修饰语"太、少、孔、履"等都在中心词素前,与卜辞"大风、今日、土方、我田"同构,王名"不降"也与卜辞"不遘"同构。

5. 其中"太康(庚)、仲康、少康"的"太仲少"相次,它们是在"大中小"相次的基础上派生的,这些共义词系的构成也只能在华夏-汉语内部才能发生。

由此可见，夏语即是雅言的前身，夏代已用文字记录夏语。夏商周断代工程既已考定夏代始于公元前 2070 年，因此可以肯定华夏是四千年前进入文明时代的。

语言考证方面，可参见拙文《夏语探索》，见《语言研究》(2009(4)：1—12)，文中详考干支汉语语源。

历史上的汶川地震与大禹抗灾

四川汶川大地震,遇难及失踪达八九万人,震惊世界,天地同悲。全国人民都投入了支援抗震救灾活动之中。

历史上汶川一带就是个地震多发之地,从《明实录》看,光是明孝宗在位时,从弘治三年到十七年(1490—1504)汶川就震了6次,每次都"有声如雷"。民国时1933年茂县大震还造成堰塞湖漫决的洪水。汶川至理县间蒲溪寨下的海子就是1935年地震所留的堰塞湖。

地震不仅本身造成灾害惨重,往往还引发次生性灾害:大水,大疫,有的还引发森林大火。所以除了抗震灾外,还要大力预防这些次生灾害的发生,尤其是堰塞湖引起的洪灾。乾隆丙午年间(1786年)四川打箭炉地震所致堰塞湖崩溃,乐山等地就有十万人被淹没。这次汶川大地震就已出现堰塞湖35处,大型的有8处,它们在灾后继续对幸存者造成威胁。据报道,绵远河上的清平镇堰塞湖2008年5月21日已经爆破堆积坝,排除了溃溢险情；石坎河上南坝镇文家坝堰塞湖险情也在同年5月27日疏通排除。最大的北川唐家山堰塞湖的排险更引起全国人民的关注，那2 037万立方米的水量，717.5米高的水位，严重威胁下游130万人的安全。地震的次生灾害中情况最紧迫、危害面最大的就是洪水。

汶川，还让人想起我国历史上伟大的治水英雄大禹，传说大禹就是汶川人。《史记正义》引《帝王纪》说禹"本西夷人也"（西夷指羌）。汉扬雄《蜀王本纪》指出"禹本汶山郡广柔县人也，生于石纽"（谯周《蜀本纪》同）。广柔是汉晋县名，隋代才改成汶川。石纽今称禹里乡，归北川羌族自治县辖下。古代羌人是指今藏缅语族各族的先民（包括藏、缅、羌、彝各支，现在的羌族只是羌语支的一个组成部分）。这里的龙门山地区正是羌语支各族的故土，地处饱受地震考验的龙门山断裂带上。大禹应该就是带领本部落抗灾治洪有功，而被推举到华夏部落联盟中任职，最后成为最高首领的。

上古洪水，神话称是水神共工和火神祝融（或记作高辛、颛顼）争霸引起的。共工不胜，怒撞不周山，天柱断了，于是山崩地裂，天倾西北，地陷东南。这应该是人们对远古时的大地震记忆的反映，地震时山崩地裂，又造成了大水、大火。大火在森林尽头会熄灭,大水却会随无数堰塞湖的不时崩溃而重新出现(此即史书所谴责的"共工氏壅防百川"),造成长期的威胁。可以想见,大禹家族在这样的危难环境中,一边带领部众向中原迁徙,又一路带领部众治水抗灾,在加固堤防和疏通泄洪上进行不断的试验,积聚了大量经验,终于治水成功,不但救了家乡,也救了中原。因此造就了重造山河受人民敬仰的大禹。

相传大禹又是一个为治水新婚三天就离家,为治水三过家门而不入的有忘我精神的英雄。

大禹的抗洪治水、重造山河的功绩,被中华大地的各族世代所怀念。不但借助大禹的功绩威望,他的儿子启建立了历史上中原华夏的第一个夏王朝,继起的商王朝、周王朝也都感念是"禹敷下土方",认为所住之处都是"禹迹";连南方的越族,北方的胡族(匈奴)都称说自己是夏王的子孙(见《史记》)。这说明抗灾是人间最能流传久远的大功业,能表露人间最共同最深切的情,能表露各族间最融洽无间的情。在四川灾区也到处出现了新的抗灾英雄,出现了无数的感人事迹,就是明证。

祈望四川灾区人民发扬大禹精神,化悲痛为力量,奋起重造新山河,重建美好的家园。

(博文发表时间:2008-05-30　20:53)

堰塞湖的疏通与古史谜团的疏通

唐家山堰塞湖终于胜利泄洪了。

在现代条件下,大批的专家和官兵,大量的大型挖掘器械,胜利的取得还是那么困难,可以想见,在原始时代,大禹当年的治水是多么不易。

治堰塞坝也不是光挖泄洪渠,还得加固入水口和出水口的坝体,以避免泄洪时溃坝。治水上的疏和堵,常为人片面理解,实际是辨证的。

上一篇中借助地震和堰塞湖的事实,我提出了对上古历史传说谜团的几点新解,可能大家未仔细留意,现在再细加分解,也是对一些久远的历史谜团的一种疏通:

(一)共工撞不周山致使"天柱折,地维绝",反映了一场大地震。

(二)共工"壅防百川",反映了地震形成大量堰塞湖。

(三)共工与祝融争霸,见司马贞《三皇本纪》,由此造成女娲炼石补天(按《白虎通·号篇》《风俗通义》引《礼·号谥记》都说祝融本身是三皇之一)。《淮南子·天文》与《博物志》记作共工与颛顼争帝,《文选·辨命论》李注引作与高辛争为帝。《国语·周语》太子晋说共工"壅防百川",韦昭注引贾逵云:"颛顼氏衰,共工氏侵凌诸侯,与高辛氏争而王也。"按《史记·楚世家》:"重黎为帝喾高辛氏居火正,甚有功,能光融天下;帝喾命曰祝融。共工氏作乱,帝喾使重黎诛之而不尽,帝乃以庚寅日诛重黎,而以其弟吴回为重黎后,复居火正为祝融。"这是说祝融与共工之战是受高辛命令,而《左传》昭公二十九年"火正曰祝融……,颛顼氏有子曰犁,为祝融",则说颛顼是祝融的父亲,所以他与共工之战也可说成是颛顼与共工的。但其实应是女娲、颛顼、高辛各代都会有地震,而当时人们的原始思维认为这是水火神相争而引发的灾难。

(四)大禹是在与地震形成的堰塞湖进行长期斗争的考验中取得经验,治水成功而成为全国领袖的。他从西羌脱颖而出是靠自己的奋斗,并不是靠祖荫,本来不是什么皇孙。《帝系》(《史记·五帝本纪》据之)虽说禹是颛顼的孙子,但试看该书:

颛顼—鲧—禹

颛顼—穷蝉—敬康—句芒—蟜牛—瞽叟—帝舜

依此则禹所侍奉的帝舜竟是颛顼的六世孙,他的玄孙辈了,这世系能叫人相信吗?

(五)由治水磨炼产生了大禹,以及夏朝的兴起,正是"多难兴邦"的历史事例。

(六)指出北川禹里乡周边至今还是羌族与羌语支各族的聚居地。

要补充的是,在羌语族群的北边是历史上氐族故土,今"湔氐"等地名都还在。氐族中历史上白马氐最大,今平武白马藏人是其后裔,语言近藏语康方言。"氐"初文作"氏",《说文解字》:"巴蜀名山岸胁之旁著欲落堕者曰'氏','氏'崩闻数百里。"此即现在说的山体滑坡。"氐"族之名,据马长寿《氐与羌》中所说就是因生长于这种环境而来的。按白马话叫坍塌为[ndE],正跟"氏氏"的古音相似。这也说明了这一带山体滑坡是巴蜀历史上就存在的相当久远的常见现象了,四川的氐族与羌族都是久经考验的。

(博文发表时间:2008-06-17　00:36)

中华文明古史及史地歌诀

通常说中华文明有五千年的历史,从《现代汉语词典》附录《我国历代纪元表》来看,这是从黄帝开始算起的。但确切的王朝记载则是从夏商周起算的,在"夏商周断代工程"里,夏朝始于约公元前2070年。假如严格按建立国家王朝为文明社会标准,那么应是四千年文明史,但夏商文明已经高度发达,其前自然应有一个孕育发展的阶段,所以此前那一千年华夏部落联盟首领掌权的"五帝"时代,应看作中华文明的育成期。

夏商周已是世袭王朝,夏代十七王、商代三十一王都指国王本人,"五帝"中每帝则实际分别代表担任联盟首领的那个部族,不限于一人。这点在古代常不被人理解,所以《大戴礼记·五帝德》列"黄帝、颛顼、帝喾、尧、舜"为五帝,而开篇就说:"宰我问于孔子曰:昔者予闻诸荣伊,言黄帝三百年。请问黄帝者人邪,亦非人邪?何以至于三百年乎?"据说孔子是用黄帝百年亡后,民畏其神、用其教各百年来搪塞过去的。其实这本和《吕氏春秋·慎势》"神农氏十七世有天下",皇甫谧《帝王世纪》说神农氏生帝临魁至帝榆罔"凡八代及轩辕氏"的"神农氏"不指个人一样,五帝都自有世代,故合计可达千年(当然神农氏原要往前另列在燧人、伏羲、神农的三皇系列,分别表示人类进入用火、猎牧、农耕原始进化阶段,还不是文明历史范畴。神农原本也跟黄帝的偶族炎帝不同时,乃刘歆误予并混)。

现在还不能明确找到五帝的文化遗址。虽然上古文献里唐尧、虞舜遗迹要多些,大小戴《礼记》"虞夏商周"并称四代,太史公自说祖上在虞夏朝典天官事。《论语》也说及唐虞、尧舜之事,周初封唐叔于晋,指明那里就是尧墟。可真要像殷墟那样的,确定他们文化遗址,还得等待考古发掘的新发现。现在我们说黄帝是人文始祖,以之作为中华文明起点,是从传述文献上看到黄帝时的文明成就。据说有:

> 衣冠:其臣伯余作衣裳,或云"胡曹作衣、冕"。其妻嫘祖发明蚕丝。
> 文字:其史官仓颉、沮诵作书。
> 历法:其师大挠造甲子,隶首作算数。容成著调历。
> 舟车:臣共鼓、货狄造舟,传黄帝造指南车战蚩尤。

冶炼：《史记·封禅书》"黄帝采首山铜，铸鼎于荆山下"，铸鼎是青铜器的高端产品。

如果这些记载确是史实，那么应该能表明具备文明特征了。目前虽未得到实证，也不确知当时黄帝族的民族属性，但依据王名分析，有些方面还是可以了解的。

《史记·五帝本纪》说黄帝"有土德之瑞，故号黄帝"。按"帝"字古义是天神或祖神，注意，黄帝不像"帝喾、帝尧"那样"帝"作大名居前，则"黄"不是名词而是形容词，应该是黄土地上的人民对其祖神的尊称（形容词居前，亦合于华夏语的特征）。"黄"，甲金文像系玉饰用的围腰绶带（参唐兰说。有人说"黄"是"璜"初文。笔者认为不对，璜是半月形的，而"黄"中囗象一圆圈围人腰)，尊号里用上该字，也是黄帝时期文明历程进入"作衣裳"阶段之一证。

《史记》说黄帝"名曰轩辕"。按轩指曲辕高车，辕指直辕大车，既以此为名，则或者对造车有贡献，或者生于擅用车之族（有如后世"狄历"或"敕勒"因乘高车而称为"高车"族）。总之当与制车有关吧。

从王名分析，也可反映出其时代的文明业绩。前列五点中，可印证其二。

笔者在二十世纪五六十年代之交在中学当史地教师时编过史地歌诀，颇便记忆。现附带录供大家参考。

朝代歌诀（破折号后是估算大约年代）：

夏商周，春秋战国秦汉早——公元前2000余年；夏商各约500年，周800年（东周500年），秦50年，西汉200年；

公元后，新汉魏晋南北朝——公元后千年从平帝起，六年后新莽，东汉200年、魏晋200年，南北朝160年；

四百年，隋唐五代唐最盛——唐300年，至公元960年建宋；

近千年，宋并辽金元明清——公元960年后，宋300年，明清各近300，元代百年。

省市歌诀（按陆地面积960万平方公里，末句新增重庆市和海南特区，只未含港澳特区，也可作京津沪渝港澳琼）：

东北内蒙辽吉黑，西北新青陕甘宁。中有四川湖南北，南到台闽广西东。

西去云贵到西藏，东来赣皖苏浙通，河南北、山西东，津沪渝琼向京同。

玉树和舟曲的本义

青海省的"玉树",这一地名本是藏语 yul-shul 的译音,yul 表地方、家园,shul 表古迹、遗址、旧墟。大概这里原本就是在前人遗留的旧墟上建起来的县城,这次震后新建,自然更要把新的抗震斗争业绩都遗留给下一代。

"玉树"这个名字译得很美。按原来的名字,汉藏语也有同源词:yul 可对汉语的"园"或"苑",shul 对"遗"(上古音 lul)。则依原意对作"遗园/苑"也是很美的。

由此我们也怀念藏区另一受泥石流灾害影响深重的地方——甘南"舟曲"。它也是藏语 hbrug-chu 的译音,前字是汉语中的"龙",后字表"水"。按,hbrug 就对汉语的"龙",br 在藏语中今读塞擦音,汉语取 r 故变流音"龙"。chu,美国学者包拟古(Nicholas C.Bodman)则说可对汉语"注",表示龙注水为河流,但也可能对四渎的"渎"。依原文意思对为"龙注/水"或"龙渎",也很美的。

我们祝愿新玉树和新舟曲,都重建得更美丽,当地的藏汉人民都过上更美好的生活。

(博文发表时间:2011-04-16　21:44)

郑和为什么叫三保太监?

600年前,郑和统率两万七千多人的庞大舰队,七下西洋(当时称婆罗洲即文莱以东为东洋,以西为西洋),最远到达东非的麻林国,就是现在肯尼亚的马林迪。至今肯尼亚海滨拉穆群岛的帕泰岛西尤村,还留有一群船队沉船水手传下的后裔,其中一个名叫夏瑞福(Mwamaka Shariff)的女孩,在纪念郑和下西洋600周年的活动中,还得到中国教育部特批的公费留学中国的名额。

郑和下西洋影响深远,至今东南亚好多地方立有奉祀郑和的庙宇,据不完全统计有14座,以印度尼西亚6座、马来西亚4座为多,多以"三保"命名。如中爪哇三宝垄的三保庙是印尼第一大华人庙宇。马来西亚登嘉楼州的三保公庙、槟城的郑和三保宫、沙捞越州尖山的义文宫三保庙都很有名。郑和把凿井技术传至日惹等地,这里的水井通常叫作"三宝井"。中国台湾的三宝姜、榴梿也有跟郑和有关的传说。

所以孙中山先生也赞扬他:至今南洋土人犹有怀想当年三

保之雄风遗烈者,可谓壮矣!

为什么东南亚各国不以郑和本名而以"三保(宝)太监"称呼?纪念他的庙宇为什么叫"三保宫"?这有好几种说法:

1. 他小名三保。
2. 他有一兄,四姊妹。可能是一兄一姊,所以行三,叫三宝。
3. 由"佛、法、僧"的"三宝"来。
4. 他历事永乐、洪熙、宣德三朝皇帝,俱受宠信重任。

第四和第二种说法皆不可信。郑和下西洋在永乐朝,当时已经被称为三保太监,跟历事三朝不搭边。男人的排行一般是据兄弟说的,他是次子,应是老二。

再据史传谱记,郑和出身于穆斯林世家,公元1371年生于云南昆阳州和代村(今昆明市晋宁县宝山乡)马姓回族家庭,父亲祖父都曾远渡重洋去麦加朝圣,从而得到"哈只"的称号(《滇绎》:"回教之例凡朝天方而归者称哈儿只,犹言师尊也。"此为hadji的译音),永乐三年(1405年)其父马哈只的墓志铭说,郑和"自幼有材志,事今天子,赐姓郑,为内官太监"。他家是元代的色目贵族,约在傅友德、沐英定云南时被俘,明初边将常有俘幼童阉割以充内侍的恶习,他因此被送到燕王藩邸当宦官。郑或许是俘送者的姓,或抚养太监的姓。唐时著名太监高力士原名冯元一,也以其父被诛的罪孥身份由岭南招讨使作为阉童送入宫,由高姓内侍抚养因而随之改名,情况类似。大约到后来他随燕王征战有功,官至司礼监,才认回父母的。但以这样出身的家庭,小名绝不会取佛教三宝之名,也不会以此为称号的。

"三宝"或"三保"这个词,应当是由伊朗语系的"萨保"或"萨宝"转来的。斯坦因盗掘敦煌长城烽燧发现的晋时粟特语信札中已有 saartpaaw,是商队首领的意思,后又为袄教教职之名。唐有《米萨宝墓志》,"萨宝"也为人名。这在穆斯林家庭里应该是很常见且被尊重的名字。

因此,其穆斯林家庭以此为之取名,或者此后在下西洋时,别人以此尊称他,都是有可能的。郑和正是由于出身于虔诚的穆斯林家庭,家族有远航渊源,才被选为远航舰队领袖的。随从郑和出没红海的主要是会讲阿拉伯语的穆斯林,航行到一些文化比较原始的国家时,他还修造了清真寺,这是他最初的基本信仰。

现在昆明话"萨"读 sa 阴平,"三"读 sa 鼻化阴平,两个音也还很近。如果用来对译 saartpaaw 的第一音节,都是适宜的。

不过，由于肩负通好不同信仰各族的责任，郑和也对佛教等相当尊重。斯里兰卡有一块郑和竖立的石碑，碑上分别用中文、泰米尔文、波斯文三种文字镌刻了祈求佛祖、湿婆神和真主保佑的文字。这是他出使中要交好佛教、印度教国家的需要，表示对不同信仰的尊重，体现了特别宽和的宗教精神。

郑和还曾出资印造大藏经，捐赠给故乡云南五华寺，五华寺有他的施印大藏经的发愿文，表示他又有佛弟子的名分，这是符合皇帝要他和好各族各教的要求，有利于他肩负的使命的。但不能由这些行为就推断他的小名取义于"三宝"，否则也不能解释为什么记作"三保"的要远远多于"三宝"。

在中外交流史上，群星璀璨，其领军人物如周穆王、汉张骞、晋法显、北魏宋云、唐玄奘、明郑和等，彪炳史册，传诵千古。这些人中大多是走的陆上丝绸之路，虽然法显是航海归来的，但其中却只有郑和是真正的伟大航海家。他们的远行艰险重重，其事迹被传为神话，甚至还有编成演义小说的《穆天子传》讲周穆王西征，是我国最古的讲史小说，《西游记》则是讲玄奘上西天（印度）取经的小说名著。讲郑和下西洋的有《三宝太监西洋记通俗演义》，这是明代人编写其当代人的小说，上海古籍出版社1985年版还有季羡林先生写的新版序呢。

王姓为什么这么多？

2007年4月24日公安部治安管理局公布了最新户籍统计,我国姓氏中2 000万人以上的有10个:王、李、张、刘、陈、杨、黄、赵、吴、周;1 000万人以上有12个:徐、孙、马、朱、胡、郭、何、高、林、罗、郑、梁。其中王姓9 288万居首位,李姓9 207万次之,张姓8750万排第三。

旧时的百家姓是宋初浙江人编的(参宋王明清《玉照新志》),收了438个姓氏。因当时皇帝姓赵,浙江的吴越王钱镠姓钱,所以就依当时的贵戚高官先排了"赵、钱、孙、李,周、吴、郑、王",那并不是按人口多少排的。要是福建人编,按人口排,就要将"陈、林"居首了,因为闽人流传一句话"天下陈林占一半"。

姓李姓张的人多,是大家感觉得到的,因为中国人要列举个某某人时,往往就说"张三李四",但想不到王姓更胜一筹。

为什么姓王的会这么多呢?宋郑樵《通志·氏族略》已经

加以解释。

《通志·氏族略四》:"王氏,天子之裔也,所出不一:有姬姓之王,有妫姓之王,有子姓之王,有虏姓之王。"原来王氏里除了好些汉族帝王的后裔外,还有不少从其他民族称王来的。

此书先说从周王姬姓来的,就有两三个来源:"若琅琊、太原之王,则曰周灵王太子晋以直谏废为庶人,其子宗恭为司徒,时人号曰王家。若京兆、河间之王,则曰周文王第十五子毕公高之后毕万封魏,后分晋为诸侯,至王假为秦所灭,子孙分散,时人号曰王家。或言,魏至昭王彤生无忌,封信陵君,信陵生间忧,间忧生卑子,秦灭魏,卑子逃于泰山,汉高帝召为中涓,封兰陵侯。时人以其王族也,谓之王家。此皆姬姓之王也。"

再说从虞舜妫姓来的:"出于北海、陈留者,则曰舜之后也。其先齐诸田,为秦所灭,齐人号为王家。此妫姓之王也。"

又说从殷商王族子姓来的:"出于汲郡者则曰王子比干之后。此子姓之王也。"

这些氏族都因为先秦时祖先作过王,所以时人号曰"王家"。秦以后最高统治者叫皇帝,就不会有"王家"之称了。但又有许多非汉族的"王氏"加进来。

"出于河南者,则为可频氏;出于冯翊者,则为钳耳族,出于营州者,本高丽;出于安东者,本阿布思,此皆虏姓之王也。"

"以其所出既多,故王氏之族最为蕃盛云。"

《百家姓》各姓都旁注了郡望,许多人认为那就是本姓所来之处,其实它注的只是最主要或最出名的一处。像王氏只注"太原",其实《广韵·阳韵》就说"王"有二十一望:

1. 姓出太原、琅琊,周灵王太子晋之后;
2. 北海、陈留,齐王田和之后;
3. 东海,出自姬姓,高平、京兆,魏信陵君之后;
4. 天水、东平、新蔡、新野、山阳、中山、章武、东莱、河东者,殷王子比干……之后号曰王氏;
5. 金城、广汉、长沙、堂邑、河南,共二十一望。

还有来自赐姓、冒姓的。如汉代有燕王丹的玄孙嘉,被王莽赐姓王;五代时刘去非,冒姓王改名王保义。

别的民族改姓的,《通志》举了4例。其可频氏实际指西魏可频氏之祖王雄,钳耳族指西羌钳耳氏之祖王季,高丽指王氏高丽的开国君主王建,阿布思,指唐藩镇成德军节度使王廷凑,本乃回纥阿布思之后。

其实还有很有名的隋代王世充,本姓支,月支人,是属印欧种的白种人,卷发。其父为王粲养子,因姓王,在隋唐间曾自立为郑王郑帝。

在敦煌写本中除了《百家姓》外,还有《姓氏书》残卷,首句是"张王李赵",也许是更原始一些的《百家姓》,"张、王李"都已居前了。汉应劭《风俗通义》有佚文"姓氏篇",也已经说:"张、王、李、赵,黄帝赐姓也。"说明张、王、李、赵是自古以来的大姓。

但这几个大姓都有其他民族"掺和"进来的记录(参看《广韵》《姓觿》《中国姓氏大全》等):

> 李:源于皋陶任舜的大理,以官为氏,殷末理徵与纣不合,逃伊侯之墟,子利贞改姓李,为老子李伯阳之祖,有陇西、赵郡等十二望。北魏叱李氏改为李。唐代徐、邴、安、杜、胡、弘、郭、麻、与张、董、罗等各氏,以及鲜于、阿布、阿跌、舍利、朱邪等氏,因建国有功,从皇族姓李氏。

> 张:本黄帝第五子青阳,生子挥,始造弦张网,因姓张;

又晋国公族解张字张侯,其后以字为氏,有清河、南阳等十四望。三国诸葛亮征西南夷,斩雍闿,封龙祐那为酋长,赐姓张,设云南郡于白崖。

赵:本伯益孙造父,为周穆王御有功,封赵城,其后发展为诸侯,有天水、南阳等五望。汉代有匈奴人赵安稽,唐代有南蛮人赵曳夫,五代有牂柯酋长之后赵国珍都姓赵了。

汉族是由以华夏为中心的各民族融合而形成的,这从上面说的几个大姓的扩充张大,就可以看出来了。

赵姓和《赵氏孤儿》

赵姓在《百家姓》里被列为首姓,这是因为,这本童蒙读物是宋代浙江人编的,所以要把宋的国姓赵和吴越国王钱姓放在头里。不过赵自古本就是大姓之一。汉应劭《风俗通·佚文·姓氏》:"张、王、李、赵,皆黄帝之后也。"《梁书·范缜传》"张甲之情寄李乙之躯,李丙之情托赵丁之体",宋朱弁《曲洧旧闻》(七)指出:"俚语有'张王李赵'之语,犹言是何等人,无足挂齿之意也。"因为四姓人数多,足可用来作为"某某人"的代称。

曹操《与王修书》"张甲李乙,尚犹先之",还用的张甲李乙,但到宋代,一般就改称作"张三李四"了,如《五灯会元·百丈恒禅师法嗣·栖贤澄湜禅师》:"问:如何是佛?师曰:张三李四。"《朱子语类》卷六十六:"又何曾有甚么人对甚么人说,有甚么张三李四?"这也说明此时张李已经不能当头,只能是老三老四了,老大是要留给赵大郎的。

赵氏原与秦同姓嬴,祖于皋陶之后蜚廉。世善御,周穆王赐赵城,后世为晋文侯御,数传升为晋大夫。三家分晋后立为赵国,国灭后仍以国为氏。

赵繁体作"趙",从肖声。"肖"是心母字,怎么能作澄母"趙"字的声符?很怪。看来肖是slew,趙是流音塞化为声母l'ew,都是以流音l为共同成分的。在战国文字中,就有单用"肖"代趙的。(现代文字学家赵诚,笔名肖丁,即是取趙成两字的声符,存此古风。)

晋景公时曾发生司寇屠岸贾攻灭赵氏,程婴救赵孤的故事,这个故事见于《史记·赵世家》,与《晋世家》《左传》不同,所以有人认为不一定是史实。但汉刘向《新序·节士》《说苑·复恩》,王充《论衡·吉验》都有记载。

从宋至元,中原汉族于辽金元代皆受异族征服、统治,不免怀念赵武灵王胡服骑射战胜胡狄的功绩,那还是赵宋皇族的祖先呢。而且还有人指宋高宗为赵孤,将韩世忠比韩厥(刘启之诗"皇天有意存赵孤,蕲王登坛鬼神泣"),辛弃疾《六州歌头》"君不见,韩献子,晋将军,赵孤存"。在民族危难之际,艺人们串演这个赵氏孤儿复兴故事,颇有救亡图强的意义。这种情况下,他们希望以《赵氏孤儿》呼唤能救民族危难的忠臣义士。宋吴处厚《青箱杂记》卷九就记自己上书请立程婴、公孙杵臼庙,以旌忠义的事，神宗乃封他们两人为成信侯、忠智侯，立庙于绛州。可能宋代就有词话戏文来敷演这一故事。

现传元纪君祥作《赵氏孤儿》（全名《冤报冤赵氏孤儿》），南戏称《赵氏孤儿报冤记》，明代又改编为《八义记》传奇。京剧传统剧目有《八义图》(《搜孤救孤》)。

18世纪伏尔泰以一部《中国孤儿》把这个故事介绍到欧洲，这是颇早的文学交流。

《赵氏孤儿》近年来又大热了，不仅有院线大片，还有原创歌剧《赵氏孤儿》在国家大剧院首演。人们对于源远流长的赵姓文化也会多加关注吧。

"滥兮抃草滥""知唐桑艾"和最古译诗

《礼记·王制》:"五方之民,言语不通,嗜欲不同。达其志,通其欲,东方曰寄,南方曰象,西方曰狄鞮,北方曰译。"指出中原人和周边的"蛮夷戎狄"各异族交流时,通统需要有专设的不同译员,把他们的语言翻译成中原华夏人自己的话,才能理解其意思。

当然,这里头口头传译占多数,所以译员在《周语》中也称"舌人",口译一般只有活动记录而少有对话记录。古代作品的翻译原就稀少,历史上更只有极少的作品——古译得以留传下来,有诗歌作品和动员口号等,但多无原文纪录,如西汉匈奴民歌《亡我祁连山》或《失我焉支山》,就是只传下译文了。最古而又有原文记音的,是春秋时翻译古越语的《越人拥楫歌》《勾践维甲令》,稍晚的则有东汉初翻译白狼人(操古缅语)的《远夷乐德》《远夷慕德》《远夷怀德》歌诗三首,这三首则连译使的名字也留下来了,他是犍为郡掾田恭。这是一位难得的青史留名的古译者了。

及至东汉晚期兴起佛经翻译,则原文多可复原,译者多能留名。但初期多为安息、月支、康居人,如安世高、支谶等。

《越人歌》是西汉刘向《说苑·善说》所载的一首越国船夫之歌,是献与游湖的楚国王子以表仰慕之情的。原文记音是"滥兮抃草滥,予昌枑泽、予昌州,州𩜁州焉乎、秦胥胥,缦予乎、昭澶秦踰,渗惿随河湖",32字。楚国王子鄂君子皙当场召越译来翻译,译成优美的《楚辞》名篇:"今夕何夕兮搴舟中流,今日何日兮得与王子同舟。蒙羞被好兮不訾诟耻,心几(几)顽而不绝兮得知王子。山有木兮木有枝,心悦君兮君不知!"计54字。译文加上游辞藻饰,比原文多了22字(一般认为"山有木兮木有枝"就是外加的比兴衬韵句)。

1953年日本学者泉井久之助因相信古越人说南岛语,故尝试以占语对比复原,但所拟对的全篇都是对贵人的反复祝福之词,没有译文里强调的"搴舟、含羞、相知、感其不弃绝、悦慕"等内容,故是不成功的。1981年韦庆稳先生认为越人说侗台语,故用壮语进行比较,"路"开得很对。但他是用不同的壮语方言去比对的,未顾及各方言音韵不一致以及壮语和汉语的古音状态,比如匣母既对g、k,又对r、l(以"枑"对来南话"船"就都依今音相像,不顾其他侗台语作 r、l 母,如泰文 rya 就跟"柅"无法通),也不妥当。1991 年笔者在法国《东方语言学报》上发表《越人歌解读》,改用泰文比对汉语古音记音,基本把两者都对上了。如"予"* la 对泰 raa(我,我们),"州"对泰文 cɛɛu(摇船),"柅泽"* gaah-draag 对泰 kra'-'daak(害羞),"昭澶"对泰 cau'—daanh(王子—殿下),"逾"* lo 对泰 ruu'(知),"河"* gaai 对泰 graih(爱慕)。而首句"滥兮抃草滥"对泰文正为[glam'(夜晚)hɛɛ(兮)blxxn(欢)cx'(晤)glam'(夜晚)]。有兴趣希望看全文的读者可看《语言研究论丛》(第七辑),那里载有拙作全篇译文。

白狼人原住汶山以西的邛崃山区,是居川西百余国(部落)之首的大族(其楼薄一支即有 17 万人),汉明帝永平十七年(公元 74 年)慕义贡献。所献三诗是最早的藏缅语纪录,先后见于《后汉书·西南夷列传》《东观汉记》《通志》《册府元龟》《初学记》等。1920 年丁文江以来,中外探求者有二十余人,早期多认为彝语支,后有羌语支说,近年重要成果有 1976 年柯蔚南比较同源词肯定其与彝缅语支关系密切,1982 年马学良、戴庆厦做出同样的结论并指出语音上跟缅语支更接近。1993 年笔者在《民族语文》1922 年第 1—2 期发表《上古缅歌——〈白狼歌〉

的全文解读》,把该歌 118 个白狼本语字与缅文对上 115 字,所以认为它即是一种古缅语。

按史家认为最早居缅的是孟人,掸人、骠人较后,缅人是从西藏高原东南部陆续迁入,大规模的迁徙是在公元 9 世纪。当时正是吐蕃攻破白兰,白兰或降或南迁之时。按白狼在晋以后改译为白兰(徐嘉瑞、任乃强),《华阳国志》中"白兰峒"的峒,合于缅文"山 tong"。"白兰"古音 braag-raan,缅人则自称 ba-maa 或 mran-maa(maa 义为强),孟人称之为 brah-ma,印地人称之为 brahma-deshīya,那么 brah—mran 跟白兰正对,可能白兰人中包含了"白"ba/brah、"兰(狼)"mran 这一对胞族支系(ba/brah 一支也即"楼薄"的薄,楼对缅文 luu"人"。古译 mr-常只译 r-,如本歌"狼"就对译缅语 mrang 高)。缅人如果真的来自白狼,那真的是从川西迁去的胞波了。

《白狼歌》中一些原文词句,常为书法家题辞时采用,"知唐桑艾"(所见奇异)用于赞叹;"推潭僕(仆)远"(甘美酒食)用于大餐馆(如启功为北京功德林素菜馆写);"莫䅘角存"(子孙昌炽)用于婚寿喜庆赞颂。《文史知识》2009 年 11 期载白化文《"推潭僕远"和"知唐桑艾"》一文,就对《光明日报》记者采访国家图书馆出版社时引用白氏题词"知唐桑艾"作了解释,正如白先生所说,普通读者理解这类文献知识的确是有点费劲了。

这三句话的缅文原语是:

6句"知唐桑艾"tei'(接近)mrang(看见)chanh(奇异)hngaa(物品)对"所见奇异";

8句"推潭僕(仆)远"thuuh(非凡)thum(芳香)pou'(呈献)hangh(菜肴)对"甘美酒食";

14句"莫穊角存"mrac(曾孙)mreih(孙)krouh(奋发)tshoungh(繁茂)对"子孙昌炽"。

说明:1."推"对thuuh(非凡),也可以对thuu(丰多)。2."唐"对mrang(看见),跟32句"莫砀粗沐"ma(不)mrang(见)chaah(盐)mjouh(籽)译"不见盐谷"里拿"砀"译见mrang是一样的。其中m-可能是个前缀,可以不表示,所以37句高山ka-mh-mrang'译为"俭狼",以狼对mrang'高,也不译m-。这犹如白狼王唐菆、楼薄王唐缯的"唐"都对缅文"主公"hrang,《三国志·蜀志》对同族酋豪则译为"狼"(如"狼岑、狼路")一样。

缅甸国名的来历

报载,美国与缅甸关系改善,美国官员放弃用了多年的Burma,开始采用缅甸自称的Myanmar。这两个名词有何不同呢？它们的语源是什么？

《外国地名语源词典》(1983)第426页"缅甸"条说:"中国古称掸国,唐时称骠国,宋称蒲甘,同时亦称为缅甸。因与中国相距遥远,道路阻隔,故称之为缅,即遥远之意;又因中缅边区一带称山间谷地为甸,合称缅甸,即遥远的谷地。英文名Burma,来自得楞语的Brahma,其词源可能与婆罗门或梵文有关。缅甸人自称巴玛(Bama),梵文作Myamma,意思均为强者,据说这是缅人对自己民族的赞颂。也有人认为Brahma一名是早期到这里的移民给当地居民起的名称,也是强人的意思。"

这条释文问题不少,语源说得并不准确。

说"缅"表"遥远",就好像那是汉人给起的名称了;实际应是缅人自称Myan的译音,不是汉语。虽然译字用"缅"有点兼取意译的味道,实际却不是真正的语源。缅人会自称遥远吗?

既说Burma来自得楞语Brahma,又说词源可能与婆罗门或梵文有关。"得楞"是缅人对原住民族孟人的称呼,孟人(Mon)说的是一种南亚语,孟人称缅人为Brahma,怎么又扯到印度语的Brahman(梵文婆罗门)上去了呢。若说burma取于梵文则更不合适,梵文bura是"坏、恶"之意,不是强大之意。

缅史表明缅人原是由青藏高原东南部迁来的。实际上,唐时白兰羌与吐蕃交战失败后,不愿臣服吐蕃,大部分南徙入缅,击服原住的孟人、骠人(Phyu)与掸人,先占北部,逐渐发展为缅甸的主体民族。他们即是汉代的白狼羌,魏晋以降《华阳国志》即另译为白兰,内分"白"Brah、"兰"Mran两支,所以缅人或自称为Brah,后变Ba,即称Ba-ma(巴玛＝大巴),或自称Mran,后变Myan,即称Myan-ma(缅玛＝大缅)。详见郑张尚芳《上古缅歌——〈白狼歌〉的全文解读》(1993),缅文的垫音r今缅语都变为y。

ma是强大之意,与梵文maha相当。报所云Myanmar依缅文原应作Mranma。对于历史上被击服的孟人、骠人、掸人来说,缅人自然是强大的。

所以 Brahma 不是词典说的"早期到这里的移民给当地居民起的名称",而是当地居民给早期到这里的移民起的名称。笔者 1993 年曾指出《汉书》所记白狼羌的一支后又译为"楼薄"(薄人),[薄 baag]就是现代的 Ba,即最初说的"白"Braag,孟人、梵文还都记为 Brah 人,还不是 Ba 人。

至于 Burma,那是一个以讹传讹的形式,与本语距离很大,是原应舍弃的。

史书中日本为什么叫"倭奴"?

据记载,先秦时日本就跟中国有联系了,记载常略称其名为"倭"。

《论衡·恢国》:"成王之时……倭人贡畅(《儒增篇》作'鬯草')。"

《山海经·海内北经》:"盖国在钜燕南,倭北。倭属燕。"(郭璞注:"倭国在带方东大海内,以女为主。")

汉时则又译有全称"倭奴"了:

《后汉书·光武帝纪》:"中元二年春正月……东夷倭奴国王遣使奉献。"

又《东夷列传》记:"建武中元二年倭奴国奉贡朝贺,……光武赐以印绶。"

1784年"汉委奴国王"金印在九州筑前国糟屋郡志贺岛叶

崎（今福冈县糟屋郡志贺町）出土，这证实了上述记载是完全确凿的。

而旧时有些日本学者讳言日本国王曾对华朝贡，于是三宅米吉等就硬说金印之"委奴国"要读作"倭"之"奴"（傩）国，说指的是倭国所属一个小国——傩国而已。不知金印乃汉王朝授予友善邦主的最高礼遇，岂是轻易得的，如果小大不分，也未免把汉光武帝朝廷上下看得太糊涂了。当时颁略小之国多为银印，而蛮夷则为铜印，而这颗印金质蛇纽，阴篆三行："汉—委奴—国王"，唯有云南晋宁西汉墓出土的"滇王之印"金印可以类比。《史记·西南夷列传》亦记元封二年（公元前109年）发巴蜀兵临滇，滇王举国降，"赐滇王王印，复长其民。西南夷君长以百数，独夜郎滇受王印"。

对于"倭奴"的语源，用汉语"倭，顺貌"，或"倭通矮"之类由汉字望文生义而意含贬抑的说法来说，自然不足为训。（《玉篇》"倭，於为切，顺貌；乌禾切，国名"。音亦不同。）光武帝所赐金印作"委奴"，已表明那只能是译音，且必为其自称。中国古代史官有个好传统，记夷狄地名都必须"名从主人"，何况国名？何况示好友邦的金印岂会有不用其原名之理？

日本学者内藤虎次郎、稻叶君山等说"委奴"来自"大和"

Yamato 的急读(yama 省 ma 作 ya,音近 wa)。但 Yamato 当为《后汉书·东夷列传》"倭在韩东南大海中,依山岛为居,凡百余国,……其大倭王居邪马台国"之"邪马台"原语,当释"yama(山)-to(门)"[1],其音义皆很清楚。

而"倭奴"先秦音 *'ol-na、汉代音 *'oi-na(故倭奴可以通写作"委奴"),其音跟 Yamato 相差太远了。(说"倭"读 wa,"奴"读 do,所据都是唐代音,而非汉代音。"奴"日文汉音读 do,虽与 to 相似,但此等读法实际来自唐代中期的长安音,怎可用来解释汉代译名呢?)

1938 年学用社出版的李季《二千年中日关系发展史》,其第一章就以 54 页的篇幅专章讨论"历代对于日本的称呼"问题,力主"倭奴"来自对日本原住民族阿夷奴 Ainu(虾夷)的译音。说是黄遵宪《日本杂事》已说到"日本土人即虾夷……日本称为毛人(亦呼为委奴)"了。但黄、李二先生不谙古音,他们此说都是据今音"奴"读 nú 立论的("奴"六朝音 no 后变 nuo,至唐

---

[1] 星野恒《日本国号考》谓在筑后国山门郡,王辑五《中国日本交通史》说在今九州肥后菊池郡山门乡。又其语,原也可能 yama 源于古汉语"岩"(参日语 yama 对汉越语"岩"nham,犹如家 ya 对"庐"nha),而 to 源于古汉语"止",则 yama-to 即依山岛居止之意。

代中期以后方变 nu)，Ainu 是无法对上汉代的"委奴"的，除非有什么证据表明它原来从 Oina 转来。

曹魏代汉之后，仍用金印授给倭国王，改封为"亲魏倭王"，并指明所封倭王是女王卑弥呼。《三国志·魏志·东夷·倭人传》记明帝景初二年六月（《梁书》作三年）"倭女王遣大夫难升米等诣[带方]郡，求诣天子朝献"。十二月，诏书报倭女王卑弥呼："今以汝为亲魏倭王，假金印紫绶。"（按：此印有《宣和集古印史》拓本，收于日本《好古日录》中。）该传记载倭境内外诸属国甚详，皆以"女王国"为主叙其方向里数，其称女王国与称倭同。传内点明邪马壹[臺]国为"女王之所都"，而《后汉书·东夷列传》作"大倭王居邪马臺国"，也表明女王即大倭王。

《集韵》乌禾切："倭，女王国名，在东海中。"唐时日本和尚昌住《新撰字镜》："倭，东海中女王国"，都同样注明"倭"意为女王国无异议，此亦与郭璞注《山海经》"倭国……以女为主"同。

按日语称"女人"为 wonna（或作 wouna, wonago, 此据旧时日语词典，现在的写法是 onna），正跟"倭奴"古音相合，当以此为原语。《三国志·沃沮传》记王欣追讨句骊王至其东界："问其耆老：海南复有人不？耆老言：有一国亦在海中，纯女无男。"那可能就是从女王国讹传来的。

《宋书·倭国传》记其王在刘宋元嘉间来书,尚"自称使持节都督倭、百济、新罗、任那、加罗、秦韩、慕韩七国诸军事,安东大将军倭国王,表求除正,诏除安东将军倭国王"(但其除正之衔去百济,称六国诸军事),齐梁仍之,到唐高宗时方改称"日本":

> 《新唐书·东夷传》:"日本,古倭奴也。……咸亨元年遣使贺平高丽,后稍习夏音,恶倭名,更号日本,使者自言近日所出,以为名。"

这是因为后来大和国皇室乃是以男王为主了[1],方才要提出改名的,倒不是只为了嫌恶夏音(汉语)里"倭"有柔顺之意吧。自此以后,因名从主人,我国史传也就改称日本了(所以

---

[1] 《隋书·倭国传》:"开皇二十年,倭王姓阿每,字多利思比孤,号阿辈鸡弥,遣使诣阙。"《通典》一八五引,末作:"其国号作阿辈鸡弥,华言天儿也,遣使诣阙。"(《唐类函》则"天儿"作"天皇")按该传又记:"大业三年,其王多利思北孤遣使朝贡,……其国书曰:日出处天子,致书日没处天子无恙。"阿辈鸡弥相当 ame-kimi"天-君",此当证其在国内已号称天皇。阿每也相当 ame 天,或 amani 天儿,木宫泰彦《日中文化交流史》(胡锡年译,1980)认为"阿每-多利思比孤"相当于 Ama no tarisuhiko,"天足彦",有好几位天皇名字后都是带"足彦"的,此几已成为天皇的别名。不管怎样,即以"比孤"对"Hiko",也属于男子美称,既自称天之儿子,自然就会嫌"倭"名义之不美了。

《新唐书》只作日本,而《旧唐书》同一国却分"倭国""日本"两传,贞观二十二年前事列"倭国"传,嗣圣二十二年即武周长安三年事就归入"日本传"了)[1]。

总之,"倭奴"的汉语古音与日语的"女人"相合,汉魏至晋时,日本正是女王当政,"倭奴"即是指的"女王国"。

[1] 参:汪向荣.中日关系史文献论考[M].长沙:岳麓书社,1985:39.其书第12页考其改名在712—720年间,按长安三年是703年。

日皇世系怎比孔子世系长?

秦始皇统一中国,建不世功业,他以为自己的家族能久远统治中国,说"朕为始皇帝,后世以计数,二世三世,至千万世,传之无穷"(《史记·秦始皇本纪》)。为了箝制人民思想,他"焚书坑儒",把不利于他统治的各家所传书籍和发议论的知识分子都强制予以消灭。

可是,秦朝只传到秦二世就灭亡了,成为中国历史上有数的几个短命皇朝之一,其嬴姓后人也不怎么繁衍。反而是他要消灭的主要对象——传诵诗书的儒家,其创始人孔子的后嗣最为绵长昌盛,自汉代尊儒之后,历代奉之为帝师世家。《孔子世家谱》记载其世系,连续记了两千五百年,八十余世,比历史上任何皇室都传得悠久。这说明皇权虽然厉害,但只能统治一定的时期,而思想和教育的力量才是最强大的。孔子除本人受到崇敬外,其后嗣也受到保护,各个皇朝虽然不断更替,对曲阜(和衢州)孔府的孔氏家族的待遇则不变。次一等的,东汉创立的道教天师,东汉传入的佛教释氏,也是受一定保护的,但不像孔子世家那么受到全国各界一致的崇敬,这是因为孔子不仅是思想家,还是教育家,是中国人公认的老师的代表。旧时每家中堂供着"天地君亲师"牌位,所供的"师"就是孔子。

中国的教育制度开始得很早。周代孩子八岁入小学,开蒙认字学习书算("学"字繁体为"學",象在几上手把手教孩子掌握算筹之形),束发则入大学,学礼乐射御等六艺。但孔子以前,教育只是贵族的特权,孔子办学,扩及平民,他主张"有教无类",打破了出身限制。三千弟子,来自四方各界,造就了大量人才。此外《论语》"唯女子与小人为难养也"也是谈女孩子、厮仆的教养问题,这表明孔子不但教平民,连女孩子、厮仆或也教过了,他是一位真正伟大的"有教无类"的教育家,其世系绵长自然特别有意义。

2006年3月15日《参考消息》一文《Y染色体与日本民族主义》,系转载3月12日《纽约时报》网站文章,该文引日本前经济产业大臣平沼赳夫说:"放眼全球,除日本皇室外,没有一个家族的Y染色体能够延续超过125代。"他所说的日本皇室125代是从神话传说时代的神武天皇开始算的,《纽约时报》文章针对此话就曾这样评论:"历史学家发现日本天皇制度始于

4至5世纪,尽管日本神话说,第一位天皇神武天皇是太阳神天照大神的后裔,于2665年前开始称王,像平沼赳夫这样的重要政治人物现在也把神话当作了事实。"

按三国魏代封"亲魏倭王"时,尚是封的女王,依世界史研究,日本天皇制大约起于4世纪的晋代以降,至唐太宗贞观十九年(645年),孝德天皇大化革新才开始学中国定年号,以此为大化元年(至650年改白雉元年)。虽然从世界各国皇室中来说,日本皇室确实是绵延时代最长的,但实际世代还是不可能有125代的。且不从4世纪算起,就依神话所言神武天皇始于2665年前算起吧,那比2560年前的孔子(公元前552年—公元前481年)也就早一百来年,大约早了四五代。而孔子之前,且不说远祖宋微子、宋襄公,即从孔氏之祖孔父嘉,至木金父——睪夷——孔防叔——伯夏——叔梁纥,一共六代都是有史实记录的,不是神话传说。孔子家族,如从孔父嘉开始算,代代都有记录,是确实连续传了两千六七百年的一个家族,但至今全世界的孔氏后人最幼的是83代念字辈,即使再加上6代,也未超过90代。由此对比看来,所谓日皇绵延125代只能是神话传说而不会是史实(如果只指执政天皇相继位位数计算,其中有女性如神功皇后、推古天皇,又有一年里换了两位天皇的,如公元672年弘文、天武相继,公元968年—969年冷泉天皇只两年。这就不能说Y染色体延续了125世代)。

中国伟大的思想家、教育家孔子的世系,可能是世界上真正历史最长的,具有最信实谱牒记录的家族,它比中外任何皇家的世系都绵长。据新华社2007年1月31日济南电,现在正在修订的《孔子世家谱》将收录世界各地180万孔氏族人。

"胡"人的原语

"胡"在汉语构词中常指北或西北民族,"胡马、胡骑,胡床、胡笳、胡琴、胡麻、胡桃、胡瓜、胡椒、胡荽"是表明这些事物来源的,还有"胡来、胡闹、胡说、胡言乱语"表示因中原人不理解而觉得其蛮不讲理的言行。

此词最初是战国至汉对匈奴的称呼,战国时赵武灵王就已决意向匈奴学习"胡服骑射"(《赵策》二),秦昭王远早于秦始皇就"筑长城以拒胡"了(《史记·匈奴列传》)。并且这"胡"还本就来自"匈奴"的自称,《汉书·匈奴传》载征和四年狐鹿姑单于致汉皇书:"南有大汉,北有强胡。胡者,天之骄子也。"

《西北民族词典》解云:"胡,西汉前期对匈奴的称呼,此后逐渐扩大,用它来称呼北方和西域的民族和国家。古汉语中'胡'有大义,北方少数民族的形体要比中原人高大,所以中原人称之以'胡'。而'胡'的北方一些少数民族语音当为 ghur,相当于阿尔泰语系突厥语族语言中的 gur,意为'联合''团结'。

匈奴为许多北方部族联合而成,因而自称为'胡'。"

其开头一句除"西汉前期"应提前,应改为"战国"外,还是说得对的,但两个语源的解释可都不对,既说是自称,又说中原人因其高大而称为"胡",那到底这语源是胡语还是汉语呢？说"胡"跟 gur 音近,是据今音 hu 说的,这个今音怎么能用到两千多年前去解说先秦的"胡"？ 这可违背历史成了笑话了,要是这样做也可以,还不如引达斡尔语称人 xuu 音岂非更近呢(不过此 xuu 音实际来自鼻尾丢失,那倒本应对"匈")！

"胡"的上古音是 gaa。如果看藏文也用 kla 称野蛮人、落后民族,用 dgra 称敌人(波斯也称敌众为 kār、kāran),那么还可能读 glaa。就此音看来,古突厥语当有 qara 一词,可指人们、所有人(A.阔南诺夫《七至九世纪突厥鲁尼文文献语言的语法》9 章)。回鹘西迁葛逻禄所建"喀喇汗"王朝,其可汗就自号 qara xaqan,此词本义为"黑色(胡俗崇黑)、强大"。这和说称胡之语源是大,却也接近。

但不是"胡"的汉语义表高大,而是原词 qara 本义就表强大。只是汉人对译时选用了音义兼译的"胡"字。

东汉三国以后,西域、印度、波斯、中亚人来华日多,"胡"又扩及新疆和中亚的白种人,他们的特征是深目多须,所以汉语又增加了"胡须""胡子","胡"古义本指"兽颔下垂肉"(《说文》：胡,……牛顄垂也),《汉书郊祀志》"龙垂胡髯下迎黄帝",颜师古注："胡谓颈下垂肉也",明指胡不同于须髯。所以"胡须"跟胡原义无关,是借喻于胡人的多须而再造的,产生较晚。

胡人常爱留须成络腮胡。因重视胡须,所以阿尔泰语言胡须一词变化很小,从匈牙利 szakal、土耳其 sakal 到维吾尔、哈萨克 saqal,东裕固 saGal、蒙古 saxal、满洲 salu,都可断为同源,其中也有 kal 音。我甚至怀疑它跟藏文头发 skra 也有联系呢。

畲话及畲族的迁徙

畲族在居住上是大分散小集中的,人数最集中的地方是福建和浙江,其次是广东和江西。浙江的景宁是全国唯一的畲族自治县,这里的畲话是有代表性的,1932年德国人史图博(H.Stubel)和李化民的名著《浙江景宁敕木山畲民调查记》(中研院社会科学所专刊6号)就介绍过这种话。游文良先生在《浙江省少数民族志》中把浙江畲话分为四片,景宁片也是人数最多的(但全片连云和、龙泉、庆元、文成、泰顺等县在内,也只有6万多人)。20世纪60年代在浙江省方言调查组时,我曾简单地了解过泰顺和文成的畲话,2000年为编写《浙江省语言志》,又和浙江师范大学赵则玲老师专程去调查了景宁的畲族话。

畲族现在说两种语言。除广东南部惠州的莲花山区、罗浮山区有一千多人说接近瑶族布努话的苗瑶语族语言(在惠东、海丰、博罗、增城4县)外,其余地区所说的都是接近汉语客家话的"山哈话",也即山客话,景宁畲族也是说这种话的。对畲族所说的两种语言之间的关系,畲族和瑶族以及武陵蛮之间的关系,山哈话和客家话的关系,学界有不同看法,既有肯定的,也有否定的。

有些同志认为,如果依据畲族《祖歌》,说畲族打高辛氏起就住在潮州山区,从古就说山哈话,不是更干脆吗?这是把问题简单化了,也没有以今日的科学知识深入解读《祖歌》。由于《祖歌》是众口相传下来的史诗传说,流传中既不免会随时、随地、随人而出现超越历史的增饰或变更,也不宜把最古的神话部分视为史实。

《祖歌》中关于浙南畲族原住潮州,后经福建古田、连江、罗源迁来浙江的历程是相当可信的,但说夏商周之前的高辛氏就已分封畲祖龙猛(盘瓠)到广东潮州去却难以据为史实,因为五岭以南,要到高辛氏以后两千年的秦汉时期方收入版图,潮州直至唐代还被视为边荒烟瘴的流放之地,"广东"之称更是晚近。秦汉之前这里是南越人和古越语的天下,在汉语未随军入粤之前,也不可能形成汉语型的山哈话。而且这样说还忽略了《祖歌》还说到畲族原是从南京或元山迁徙到潮州的过程。福建畲族顺昌《盘王歌》和罗源《祖宗歌》都说,"南京路上有祖坟,应出盘蓝雷子孙,京城人多难作食,送去潮州凤凰村"。

据历史记载,畲族在唐以前就已经居住在闽粤交界地区,上文所说的"南京"自非今之南京(明初方起名),也不会是五代宋金所指的辽阳、北京、开封等地,有人把它解释作高辛皇的京城,但京城怎么要加个南字呢。这个祖居"南京"说却正跟湖南瑶族的《拾二姓瑶人过山图》(康熙五十三年重修)"一十二姓徭祖原于'南京'七宝山大洞居住"说法相同。

按畲族的盘瓠王崇拜、"盘蓝雷钟"姓氏都跟瑶族相同,所持"开山公据"(又名"抚徭券牒"),也跟瑶族的"过山榜"(又名"评皇券牒")相合,畲民在族谱中也常自称"瑶户、瑶人、瑶家"。两族实有不可否认的同源兄弟关系,所以对祖居和迁徙的回忆正可互相比证。泰国清迈的瑶人文书《游梅山书》的《盘古歌》唱云:"郎在湖南,妹在京州;郎在湖南松柏院,妹在桂州来听声。……立有梅山学堂院,……立有连州行平庙,……流落广东朝州府。"瑶人文书多用同音字记地名,其中朝州自是潮州,京州自当为荆州;它正唱出了从湖南、荆州南迁到潮州所经过的桂州、连州等一些地点。

至此,我们可恍然明白:"南京"原来是"南荆"的假借写法;因修饰成分后置是瑶语固有的构词法,南荆也即是"荆南"。

畲族《高皇歌》也唱："一想元山高辛皇，……二想三姓盘蓝雷，南京［荆］不住走出来；……三想人凡三姓亲，都是元山一路人（或作：都是南京一路人）。"歌中念念不忘的元山，又作南京，可能便指荆南沅陵一带，那么这就和《后汉书·南蛮传》《武陵记》《荆州记》等历史记载所述的荆南辰沅为盘瓠后裔的故乡相合无间了。"抚徭券牒"提到楚平王敕放过山（瑶族称为"评皇券牒"），也反映了他们古代所居原属荆楚地域。从《梁书·张缵传》"（湘州）州界零陵、衡阳等郡有莫徭蛮者，依山险为居，历政不宾服"，《隋书·地理志》"长沙郡又杂有夷蜒，名曰莫徭"，这些记载可见隋代前后瑶族仍分布在荆南，则畲族要比瑶族南迁早（可能因东晋汉人南迁引起）。

虽然畲族离开"荆南"大约已经超过一千七百来年了，我们在今天的浙南畲话中仍然可以清楚地看到受湖南方言和瑶族话的特别影响（如以"啫"为小称，有读 ho）。如果畲族从古住在潮州，就难以解释这一点了。潮州地处闽越、南越之间，越人原是侗台先民，在他们的包围圈内怎么会有湘语和瑶语的影响呢？通过历史比较语言学的分析，没有历史记载的语言也可由其语言特色探索它的发生发展的历程，从浙南畲话的一些特点也可以看出它的形成年代和形成过程。

"塞思黑""阿其那"不是猪狗

萧一山《清代通史》上卷记载雍正四年,命囚禁与其争位的两个兄弟,八弟胤禩改名为"阿其那","满语狗也";九弟胤禟改名为"塞思黑","满语猪也。"书里这两个满语说解,想是起于民间对此事的传讲,一般人不懂满语,谁先揣测言之已难考证;但既被写进历史书,又经现今某武侠小说名家引到其畅销的作品中再一番渲染,就更让人信以为真,那影响可颇是广远了。

《文史》第10辑(220页)有富丽的《"阿其那""塞思黑"新解》,指出满语中,狗是 indahun,猪是 ulgiyan,跟这两词毫不相干。文章主张依故宫博物院明清档案部《有关曹雪芹家世档案史料稿》(1973)的一条按语:"塞思黑"满文作 seseri(讨人厌),把"塞思黑"改解为"讨厌鬼"。但由于该书对"阿其那"云其义未详,故文章作者又查阅满文词典,据 acimbi"驮",趋向动词"去驮"为 acinambi,因而说其命令式当可作 acina 而对上"阿其那",以为此词意为命其驮,不啻骂之为驮物的牲口。

按"塞思黑"对满文 sesheri,解为"厌物",可从。但"阿其那"对动词"命驮",比拟似乎不伦。"阿其那"的本意应当是一个和"塞思黑"义类相近似的词才合。按羽田亨《满和辞典》有 ekcin,解为丑鬼,又解为骂人语。此词音义比对"阿其那"要相当些("阿"有二读,可对 a 也可对 e。"那"可能对尾缀-na,鄂伦春语即以尾缀-m 表卑视难看之物,加缀时遇词根有-n 尾即省去之,亦与此同)。

乡间兄弟吵嘴相骂,随口辱骂什么"厌物、丑鬼"本来平常得很,而像雍正这样,做了皇帝,还将与他争位的兄弟,干脆取消父母起的名字,正式通令改名作"厌物""丑鬼"的,则可算稀奇事。但这正反映了他当时扭曲的心理状态。

藏汉语言"一奶同胞"的亲缘关系

也许一般人不一定知道,我国西南边疆的藏语,原就是汉语最亲近的兄弟语言,两者有着"一奶同胞"的亲缘关系。

语言学界把汉语、藏语都列在"汉藏语系",并把它们作为这一语系的代表语言。这个汉藏语系大家庭语言有很多,内部可分为"汉白、藏缅、侗台、苗瑶"四个语族,各个语言比较起来,学界一般认为其中汉语和藏语最相接近。这个印象是从基本词汇大量同源而得来的,虽然语法有些不同,但基本词汇尤其核心词汇相近度非常高,说明两语同源关系密切,显示了发生学上的兄弟关系。

比如,藏文"我"nga 即是对"吾",与"五"lnga、"语"ngag 的词根同音共形,在汉语中则都与"五"谐声,此三字汉语古音也都是 nga,可以组成同谐声系列对应。"吾"是古鱼部字,其他鱼部字如"苦"kha、"鱼"nja、"女"nja/njag、"狐"wa、"无"ma、"咀"za,藏语和汉语古音也都读 a 韵。藏文"太阳"称 nji 是"日"字

(两语都跟"二"njis词根共形),"月亮"称zla是"夕"字,身体上"躯、目、耳、口、舌、齿、膊、乳、腹、尻、肤、疋"等数十词在两语都相同,而且要读古音古义才能对上。(因为两者是在远古同源然后分开的,藏语仍然保留古老的说法,汉语后来倒变了,换用了"身、眼、嘴、牙、肩、奶、肚、臀、皮、腿"等词。)而大家都知道,身体词可是核心词里的核心。

为什么两语词汇同源度这么高呢?可从历史渊源方面说明。国内最早研究"汉藏韵轨"的俞敏先生,1980年曾在《北京师范大学学报》发表《汉藏两族人和话同源探索》。他从《国语·晋语》"昔少典娶于有蟜氏,生黄帝、炎帝。黄帝以姬水成,炎帝以姜水成"同出一源,一直谈到周伐殷商的姬姜联合,认为"羌"是游牧的"姜"人,而藏族是羌人中后来发展最强盛的一部。他并引了藏语常用封闭类词,如指词 adi 对"时",de 对"是",gagi 对"何居",gji 对"其"同于汉语等例子。(后来又发表《汉藏同源字谱稿》,还有《汉藏虚字比较研究》专文。)

虽然说,炎黄是传说时代,未免早了些,周人的姬姜二姓联姻合作则是史实。还可强调一下第一个建立文明王朝的夏禹原出于羌这件事。《史记·六国年表》:"禹兴于西羌。"《史记集解》引皇甫谧《帝王世纪》云:"《孟子》称禹生石纽,西夷人也。

《传》曰禹生自西羌。"扬雄《蜀王本纪》云:"禹本汶山郡广柔县人也,生于石纽。"地在今汶川、北川间,现在还是羌族的地盘。所以作为汉语基础的夏语(后来称"雅言")有着羌藏底子是不奇怪的。夏人称首领为"后",所以号称"夏后"氏,"后"的古音 goo 即跟藏文 hgo 同,这个称号既与禹生于西羌合,也与汉时称羌酋为"豪"合,"豪"也是 hgo 之对音。

而《后汉书·西羌传》记烧当羌被汉军战败后"远逾赐支河首,依发(發)羌居"。《新唐书·吐蕃传》:"吐蕃本西羌属,盖百有五十种,散处河湟江岷间。有发(發)羌、唐旄等。……'蕃''发(發)'声近,故其子孙曰吐蕃。"藏族自称 bod,是与"发(發)"的古音 pad 近,而与"蕃"bon 不近;按藏人称所奉本教为 bon,"吐蕃"应是对译"本教之地"。足见藏语也是从古羌人语言的一支发展出来的。

历史上藏语汉语本来同出一源,但因为社会发展不同,汉语发展快得多,而藏语发展慢,因而保留更多古老的语言特征。因此许多古汉语的谜团往往要通过藏语来解开。比如"禁"从林声,"蓝"从监声,可现在"禁林""监蓝"声母不同,但"禁"对藏文 khrims 法律,"蓝"对藏文 hgram 蓝靛,声母 khr-、gr- 都是含有 r 的复辅音。"三"中古切韵读 sam,归谈韵,而上古音不归谈部而归侵部，看藏文是 gsum，才知道果然古代原本该读 um 韵，应当归侵部的。"风"中古切韵归东韵，可上古也归侵部，看了藏文 phrum（冷风），也可明白，它在古汉藏语时代原来也应是侵部。这些都说明藏语保留了很多汉语发展中已经丢掉的信息。

从身体词来看，更值得注意的是，藏语奶 nu 对汉语"乳"njo，胞衣 phru 对汉语"胞"pruu，胞衣又说 rog，则对汉语"育"（生孩子）lug。既然连"奶、胞"生孩子，这样一些词都一样，一致说"乳"，同样说"胞"，那就充分说明，藏汉语言的确在根柢上有着"一奶、同胞"的亲缘关系。

古国名与古音相印证

汉语在汉代以前属于上古音,依郑张-潘系统三等没有 i 介音,喉音读小舌更近见组。用这样的眼光去看待汉代古国译名,更好理解。有意思的是,许多地名的今名还滞留了原来古音的念法呢。

《汉书·西域传》所记,"于阗",原名是 *khotan<*qhotan,两字原都没有介音(四等"阗"的 i 介音,更晚至中唐才发生)。现在叫"和田","于"改成"和"字实际更近原名。

"焉耆"两字古音 *an-gri,此对 argi,乃是邻国粟特、佉卢文书所称之名。在其国原住之吐火罗 A 本语文献中还发现一个自称:Arśi,此正好对法显所称焉耆之名"焉夷"(见法显《佛国记》,今本或作乌夷),"焉夷"古音为 *an-hli。正因古三等无腭介音,所以焉读 an。

以 an 对译 ar,亦合当时习惯,如"安息"对 Arsak,"罽宾"对 Kespir。以喻四对其清音书母,如以"翼"译 śik 也见于俞敏《后汉三国梵汉对音谱》。王静如还找到法显用"夷"对译梵名śi的其他例子：拘夷那竭 Kuśinagra，阿夷 Asita。突厥《阙特勤碑》和《苾伽可汗碑》有"南征 Toquz Arsin，几达吐蕃"，这 arsin 大概是 Arsi 的多数形式"九焉夷"（九城焉耆）。

"龟兹"，唐颜师古注"龟音丘，兹音慈"，此对 *khwu-dzi，《广韵》之韵疾之切也说"兹，龟兹，国名，龟音丘"。梵文是 Kuci，《大唐西域记》作屈支，佛经有作"丘慈、归兹"的，今名"库车"Kucha，也还差得不太大，"丘"无介音 i 就正读 ku。

（波斯文《世界境域志》作 Kusan，回纥 Küsän，藏文《于阗国史》Guzan，唐日释带去的归兹大德礼言撰《梵语杂名》作 Kucina，则与其国原住民吐火罗 B 的本语名 Kuśinñe 相关联。《突厥语大词典》记了 küsän，也与此接近，有人以为 Kuśin 表其本语多数形式或形容词形式。）

"大宛"在《史记·大宛列传》屡屡单称为"宛"（如"宛有善马""伐宛""宛贵人"，则"大"形同于大月氏的"大"，可省）。"宛"地以浩罕为主城。（旧译霍罕，魏唐旧说至清《西域图志》，皆以霍罕为大宛。也作敖罕，王先谦《汉书补注》："大宛今敖罕也。"）

"宛"本三等字 qon，实际可以视为"霍（浩）罕"*khokand

＜*qhoqand 的对音。小舌 q 音汉人渐向零母发展,所以"宛"*on[oan]乃是对译 o-and 的合音。我们可比较"于阗"*khotan＜*qhotan 或译为"斡端、兀丹",也是把 qho 译成零声母了的。

乌鲁木齐的语源两说

《参考消息》曾转载美刊文章《乌鲁木齐已成中亚中心城市》,说中亚最重要的城市不在中亚,而是在中国新疆的乌鲁木齐,那里大概是上海和伊斯坦布尔之间最具世界性的大都市。

"乌鲁木齐"在汉代属乌孙人故地,唐代因西突厥驻可汗浮图来降,置为庭州。

《元和郡县图志》四十卷之末为"庭州"(北庭,都护),"因王庭以为名也","长安二年改置北庭都护府,按三十六蕃,开元二十一年改置北庭节度使。""管县三:后庭、蒲类、轮台"。

《通典》卷一百七十四北庭府庭州:"在流沙之西北,前汉乌孙之旧址,后汉车师后王之地,历代为胡虏所居。"("流沙",敦煌郡沙州下云"亦古流沙地_{其沙风吹流行,在郡西八十里}"。)

《太平寰宇记》卷一百五十六庭州也说:"前汉为乌孙旧

址。"庭州治金满县,领蒲类、轮台两县,在今乌鲁木齐地区。

"乌鲁木齐"Ürümqi(其 uru-维吾尔语实读 yry-)这个名字,在语源上有两说。

《中国古今地名大辞典》以为,乌鲁木齐是"争斗之义,……二部尝斗于此,故名"。按,维吾尔语打斗为 ur,其交互态"相斗"为 ur-ush,音与 yrymchi 似还不贴合。

藤田丰八《月氏故地与其西移年代》则以为"乌鲁木齐 urumtschi"原名"rumti",即"轮台"对音。按,今轮台县其地在龟兹、焉耆间,该处唐代是安西都护府治所,即旧乌垒国所在地,则庭州的轮台县是不可能延伸至此的,所以该处称轮台应后起。那么,"urumtschi"很可能是 rumti 突厥化之后改的。按,在阿尔泰语突厥语语音习惯上,r 不可在词首,凡引用外语 r 居首字,就要在其前再添加该音节元音,犹如 Russ,克尔克孜称为 Orus,蒙古人称为 Oros,汉语才译为"俄罗斯"添了俄字。阿拉伯语称希腊为 Rum,到土耳其人就说成 Urum,添了 u-。因此原来的地名 rumti 不会是突厥语,可能沿用了乌孙时代的旧名。这也可佐证,乌孙不是说阿尔泰语言的(在伊塞湖和伊犁河流域的乌孙墓葬遗骨也表明他们属于高加索人种,不同于阿尔泰人,应该是与月氏、大夏同族的吐火罗人)。出土古文献表明,在唐代,龟兹、焉耆、鄯善一线的吐火罗人还保留使用吐火罗语言(并分 A、B、C 三种方言),以后经历了很长的逐渐同化于突厥人和突厥语的过程。

英语 sun 与满语 hun 的音义追踪猜想

满语中,太阳叫 shun,骤然看来,怎么跟英语的 sun 差不多了。这自然是个巧合。因为追踪其来源,英语的 sun 来自古英语 sunne,词根就是 sun,而满语 shun 从其兄弟语赫哲 shiwun、鄂温克 shigung 看,显然是从 shihun 合音缩减来的,其词根当是 hun 而来自 gun。两语根本不同根。

如果词根是 gun,那就同于西裕固语 gun,土耳其语 gün,古突厥语 kün(太阳),正是典型的阿尔泰词根。〔宽松点看,那与汉语"晖"qhul,《说文解字》"晖,光也"(后世混于"辉"),甚至泰文 ta'-wan 的 wan 也有关联。〕

阿尔泰语系三语族,突厥语族、通古斯语族太阳同源,但蒙古语族却改用 nara,"日"用 n 母近于汉藏,这似乎是为了避开一个表人的同音词。

古突厥语 kün 除表示太阳、白天外,也可表示百姓,如 el-kün(部落-百姓)=百姓,与 bodun(人们)相当。这则与东裕固

kün、东乡 kun、蒙古 xun(人)同根。

阿尔泰语系中 k 大多送气,所以 k 通 x 很平常,这就近似于波斯史、希腊史所记匈人 Huns,以及印度史所记匈奴 Huna、希腊史所记匈奴 Hunner 的词根形式,Huna 的-na(奴)是阿尔泰语复数-nar 省译(本作 lar,参看东乡语 kun-la 人们,突厥语后缀 lar 在 n 尾词根后作 nar,蒙古、鄂温克表亲族则直作 nar/ner),Hunner 记的就是复数-ner(依元音和谐变化)。因此"匈奴"早期的译音其词根当也是 xun。

《史记·匈奴列传索隐》引《风俗通》:"殷时曰獯粥(鬻),改曰匈奴。""獯粥(鬻)"(也有写"荤粥"的)古音显然是 *qhun-lug,前字相当于西史所记词根 hun,即人,后字相当于蒙古语 uruq 宗族,哈萨克 ruw、柯尔克孜 uruu 部落。

这个 xun 是否只是个太阳的同音词,或源自原始民族的太阳崇拜,表崇拜太阳的人,就有待进一步考证了。

莧羊今天还有吗?

《周易》夬九四"牵羊,悔亡",夬九五"莧陆夬夬中行,无咎"。据《说文解字》,"莧,山羊细角者。(胡官切)",则两爻都在说羊。但《经典释文》"马、郑云:莧陆,商陆也。宋衷云:莧、苋菜也,陆、商陆也"。三人都解莧陆为植物,虞氏更解莧陆为悦睦,表明这些著名的训诂学者都已弄不清莧为何物了。《路史后纪注》五引孟喜"莧陆,兽名",也不准确,王夫之《周易稗疏》引《说文解字》才把"莧"解释通了("陆"则借为踛,跳也。"莧陆夬夬中行"表羊儿在大路中间飞跃撒欢)。

这表明如果不是《说文解字》,我们古语词库里已经失传这一表羊的名词了。但《说文解字》细角山羊的解释也有被质疑,《〈说文解字〉系传》:"本草注:莧羊似鑢(羚)羊,角有文,俗作羱。"《尔雅·释兽》郭注"羱羊似吴羊而大角,角椭,出西方。"则说是大角而非细角,并像吴羊(白绵羊)了。

那么这个在汉语里已经没落的词,在民族语中还有吗?

"羱"羊大概就是藏语的 gnjan 盘羊,而"莧羊"从古音"莧"作 goon,我怀疑就是阿尔泰语里的"羊、绵羊"Gonj。

蒙古文 qonj、新蒙文 xonj、今语 xoenj、保安语 Goeni、东乡 Goni;

满文 honin、锡伯 xonin、赫哲 hɔni;

古突厥语 qoj,维吾尔、哈萨克等多数语言也是 qoj,西裕固、撒拉 Goj。

新蒙文的 xonj 还可比较【臗】xon 臀部,【鳏】gon 鳏夫。【患、祸】xor 祸害,【远】xol。(突厥语 qul 奴隶对【佲】。)

以前学者对汉语与阿尔泰语的关系都不敢涉及,但看来更早时也应有关联。

又"莧"字上部不是艸头,是卄象羊角,下部是见加点,王筠说象其首足尾,是个象形字,注意不要与从艸见声的苋菜的"苋"弄混了。和莧同声符的字还有"宽髋"。髋有二读,读同宽的见《说文解字》,今解剖学有髋骨,读同坤的也写作臗,见《广雅》"尻也",现在少见了,但温州话还说"臀臗[khaŋ]"。

送马迎羊的汉藏比较

照农历,送走"马"年,迎来"羊"年。按十二生肖,"午马未羊"之前的"寅虎、卯兔、辰龙、巳蛇"都是野外生长的动物,从"午马未羊"开始,除了"申猴"(或可能是影射"人"之故),"酉鸡、戌犬、亥猪、子鼠、丑牛"都生长在屋舍之内,外内有别。

正好这"马、羊"两词在汉语和藏语里都是同源的,两语也都用十二生肖来记年。

"马",汉语说 ma。来自上古 *mraa',藏文则作 rta,声母 rt 是 r 的塞化,对的是汉语"驴" *ra(犹如 ltag 对颅)。但是古藏文马也说 rmang,与缅文 mrang 同源,那只比汉语"马"多个 -ng 尾。

一字分读 a、ang 不奇怪,汉语"莽"就音"莫补切" *maa',摸朗切" *maang'",亡 *mang 可通"无" *ma。这叫阴阳对转。汉语"家" *kraa,藏文就说 khang,汉语的"余" *la,藏文就说 rang(自己)。则 a 对 ang 是成批而非孤立的现象(这也并不排斥 a

对 a，ang 对 ang 的常规对应）。

汉语羊/jaŋ/来自上古 *lang，藏语说 ra（山羊），却没有 ng 尾，又正好倒过来了。这就如"薑" *kang 藏文说 lga、sga。却又轮到藏文少个-ng 尾了。仍然是阴阳对转。

有人认为汉语"羊"对藏文 g-jang 幸福吉祥、绵羊吉称。这不行，汉语声母 l 变 j 是中古的事，不会在同源词分裂那么早的时代出现 l 对 j 的现象，不然，就可能是较晚的借词了（参白语 joN、勉语 jung）。藏文 g-jang 或本当与汉语"幸"同源，因为汉语 e 在藏语可以分裂为 ja，参看"鐵"从呈声（呈是耕部字），本音 *lhiig，泰文 hlek、错那门巴 lek 可证，而藏文即变 ltjags。

至于山羊或小山羊，藏 tshe、rtsid、缅文 chid，都对汉语"羍" *she。此字此移切，《说文解字》中说，羊名，蹄皮可以割漆。

藏缅都是古羌人的分支。"羌" *khlang 的词根就是羊 *lang。羌人最初即以牧羊为生，羊是牲畜的代表，所以藏语羊又称 lug（绵羊），即对汉语"畜" *lhug。

而对于阿尔泰语系诸语的羊 Gonj，那当对汉语《易经》的莧羊。可参看《莧羊今天还有吗》。

《诗》《书》语言的民族成分

2015年6月18日,中国社会科学院举行新闻发布会,称"尧都平阳"从传说正走向信史,山西临汾的陶寺遗址经37年的考古发掘与研究,发现与尧都记载十分契合,总面积达280万平方米,堪称当时东亚第一大都城,有5级聚落,4层等级化社会组织,已由部落联盟进化到初期国家阶段。这使破解"尧舜禹"时代的历史谜团有了科学依据。

《尚书》就是从《尧典》《皋陶谟》开始的,其中记录了"尧、舜、禹"的对话。描述了当时尧舜朝廷议事对话的情形。虽是后代史官追记,沿用了相传材料,大致规模不会差太远。臣僚包括各部落的酋长、长老、代表人物。先单说"尧、舜、禹"吧。尧是中原人,舜是东夷人(《孟子·离娄》"舜生于诸冯,……卒于鸣条,东夷之人也"),禹则是西戎人(《史记集解》引《帝王世纪》《孟子》称禹生石纽,西夷人也。《传》曰禹生于西羌"。扬雄《蜀王本纪》:"禹本汶山郡广柔县也,生于石纽。"他这个部族从汶山迁徙出来后向东北发展,直到进入临汾与朝廷组合,可能是禹在大夏河、河套地带治水有成,因而取得夏的名号)。

东西夷人集中于一处,交流使用的可能是中原雅言。要分析它与东西夷人语言的异同,只能用今天的后裔语言来比较。东夷的后裔是侗台语,西夷的后裔是藏缅语。一般看法会是后者占胜,看实词"日月、水火、陵河、犬羊、耳目、杀死、迩新"等,的确不少合于藏缅,但再分析虚词等,反而前者占分增多。比如代词,"我"确对藏缅 nga,但用的更广的"余"(予)la 对泰文 raa 我、"朕"rlïm' 对泰文 riam 兄弟、我(诗词语)。"你"说汝 nja',倒是侗水语 nja,澄语 njo、独龙、彝语 na 两者都用的。"左右"看下文。

叹词常用"俞、吁"应答,旧注说"俞,然也,然其所举","吁,疑怪之辞。凡言吁者,皆非帝意"。其实下文舜任命时,禹等让于他人,舜也说俞,但并不准让。可见俞并不应解"然",故此当解为"喻",仅表知道了。喻表知,古代是家喻户晓的,现在,汉语少说了,台语普遍还说,泰文 lu、ruu' 表知晓,wa 表哼(不满),正对"俞*lo"和"吁*wa"(叹也惊也)。

上古雅言诗集是《诗经》,首篇《关雎》凡五章,首三章中与台语同源的就有 15 字:

关*kroon,本从卵声,古指门闩,正对泰文 gloon 门闩(此诗借表鸣声)。

鸠*ku,本拟鸠鸽鸣音为名,诗虽借表一种鸟,但词根仍来自鸠鸽,泰文鸠鸽 khau,寻偶时鸣 kuu。

在*zïï',对泰文 zuk 躲在,下"子"字也对-k。

女*na',对泰文 naang,藏文 njag-mo。

君*kun,对泰文 khun 首领。

子*'lig 与"李"同声符,在甲骨文中表"巳"。对泰文 luuk 孩子、子女。

好*qhuu',对泰文 khau' 投合。

逑*gu,对泰文 guuh 成对、成双(伴侣、配偶)。

左*zaal',对泰文 zaai' 左。

右*Gwï',对泰文 khuaa 右(比较:牛 ngua)。

寤*ngaas,对泰文 ngaah 张开、显露。

寐*mids,对泰文 mïïd 昏黑、昏晕。

思*snï,对泰文 nïk 思、想

悠*lïw,表思、长远、飘,对泰文 liuh 远、飘。

反*pan',对泰文 phuan 回转。

由此可见上古雅言与藏缅语、侗台语都有亲密的关系。

"胡同"非借自蒙古语"水井"

京津一带以及内蒙古东北三省叫小街巷为"胡同",张清常先生写了四五篇文章说是来自元代蒙古语水井 hʊttak 的译音,并说因胡同多有井,胡同以井为名的也特别多,此"x井胡同"可比"卡车"之例。此论影响不小。《汉语大词典》也采取源于蒙古语说,但依《汉语外来词词典》则应作:"胡同(-tòng)源于蒙古语 gudum。元人呼街巷为胡同,后即为北方街巷的通称。"

张氏之说是从明沈榜《宛署杂记·街道》"衕衚本元人语,字中从胡从同,盖取胡人大同之意"起意的,但实际胡同与蒙古语水井比,音义都有差距(按蒙古语井为 xʊdag←xʊdʊg,不同于《汉语大词典》gudum)。大家知道,吸收外来词大多是由于有前所未见的新事物传进来了,像古之"葡萄、苜蓿、菩萨、罗汉、佛、塔、劫、禅",今之"沙发、巴士、咖啡、逻辑",或出于赶时髦,学社会上层语,如唐以后称"兄姊"为"哥、姐"之类,而汉语表街巷的词语,自古以来"街、坊、巷、弄、里巷、曲巷、火巷、火弄、后衖"等已经够多了,何必再另行吸取音义并不贴切的译词呢;况且拿"井儿胡同"跟"卡车"比,也让人觉得不伦不类的,"卡—车"当然是一种新式的车,"井儿—胡同"可不是什么新式的井啊。

衕衖的写法虽后起,衖字则早,《说文解字》:"衖,通街也。"南宋鄞人楼钥《小溪道中》诗:"后衖环村尽遡游,凤山寺下换轻舟。"说明他在上舟之前,是先在环村的小巷中恣意穿行尽兴游览了一圈的。人们常说"前街后巷",后衖显然与后巷同义。"衖"字《广韵》有去声徒弄切、平声徒红切二音,楼钥此诗依平仄律显读去声,应音如"洞"。这跟早期胡同写作"胡洞"正相合。

古朝鲜司译院的汉语会话教材《翻译老乞大》:"这衕衖窄,牵着马过不去",俩字的谚文注音是"衕·hu/·hhu 衖·tung/·ttung",谚文声母双写,依例对汉语的文读浊音,而左·点则表去声。1998年新发现的保持元代用词旧样的原本《老乞大》,则此句原写作"这胡洞窄",洞字正说明衖乃读去声,不读阳平。(也合于明杨慎《丹铅总录·琐语》:"今之巷道名为胡洞,字书不载。")元至治新刊《全相平话三国志》也有"张飞着力杀上血湖洞入去"。

那么"胡洞、湖洞"很可能来自"后徆"——因为"猴狃"后又作"胡狃","喉咙"又作"胡咙"。"猴喉后"都是古侯部字,自古至宋,都经过 o>u>ou 的音变链的演变历程,若有滞后在 u 段的,就会混入"胡"音里去,则"后徆"就可音如"胡洞"了(谚文音注表明,元明间"胡洞"两字皆读去声,其文读皆读浊声母,这正与"胡[读去]"来自"后"的推断读音相合)。

宋人既然已有"后徆"的说法,那么就不好说来自元代蒙古语借词了。

就退一步说来自借词,元代之前,北方多年在辽金统治之下,也不一定非得说是元代借蒙古语的。张先生在《再说"胡同"》中否定了日本多田贞一《北京地名志》以胡同对蒙古语"浩特"(按[xɔt]称牧区的村落、城市),说是蒙古语的四个后元音不能错对。按今蒙古语城镇为 gɔt,似乎跟胡同相距是更远了。但"胡同"广泛见于东北三省方言中,它跟达斡尔 kotung、满语 hoton、锡伯 χotun、鄂伦春 kʊtʊn、赫哲 χoton、鄂温克 xɔton 等语"城镇"一词的音义又是很接近的,那么说它是由满洲(清代满族自称)语言借来的也是有可能的。注意汉语的"巷"古音读作 *groongs(今晋方言 xə'lɔ̌ 和吴方言"弄"lɔng 也都是它的分异形式),古义"里中道"本就指居民点里的道路,也可指里邑,

《诗经·叔于田》"叔于田,巷无居人"就指整个居民点说的,而不只是一条巷。而"巷"字所对藏语同源词 grong 的意思则正是"城镇、村庄"。这比起水井来,语义变化要近多了,还有着汉藏语言平行变化的语例相帮衬。

东西、南北的本义是什么?

汉语把四方的方位称为"东南西北",察其语源,这是依据太阳立名的,而且东西两名相对,南北两名相对:

《说文解字》:

"东,动也。从木。官溥说从日在木中。"
"西,鸟在巢上象形。日在西方而鸟栖,故因以为东西之西。"

说"东、西"源于动词"动、栖"是对的,这"动"是起动,"栖"是栖息。因为我国古神话说太阳是三足金乌,清早飞动上天,直到傍晚才归巢歇息,正符合古人的思想,和他们对鸟类生活的观察。

同样"南北"也源于动词"任、背":

《说文解字》:

"南,木至南方有枝任也。"

"北,乖也,从二人相背。"

说"南"的语源是"任",很对。但其古义并不像《说文》所说的,是树木在南方利于分枝繁育,而应该解作怀抱。《文选·江赋》"悲灵均之任石"李善注:"(《楚辞》)'重任石之何益',又曰'怀沙砾而自沉'。……《史记》曰'屈原作怀沙赋,怀石自投汨罗',怀沙即任石也。"古语"任"就是怀抱,动词。

古人建房,最重向阳,房北背着阳光,所以叫"北",古音大略拼为[北 puuug]和[背 puuugs]是一个词的分化。房南迎着阳光,就像敞开胸怀拥抱它,所以叫"任"(怀孩子叫"妊",也是同一语源)。古音[南 nuum]和[任 njum]也是一个词的分化。《红楼梦》里关于鲍二家的贾母说了一句隽语:"我哪记得背着抱着的?"说明"背着抱着"是最易联想的一对词,用古语说就是"背、任"了。

但这说的是词源,与文字学上的字源不是一回事。两者可以相同,也可以不同。"西、北"的字源跟词源基本是统一的,但"东"和"南"因不易用象形、会意表示,所以[东 tong]的字源是假借原表种子的"束"[種 tjong′](详拙作《释"束"》,《语言》第 6 卷。《说文》引的官溥说"从日在木中"是不合甲金文的,后起的束、囊橐说则与古音不切),[南 nuum]的字源则是假借原表乐器的"南"(郭沫若说)来表示。

古代房屋建造上的"东西"选择

太子所居为什么叫"东宫"？主人为什么称"东家"？上厕所为什么婉称"登东"？这其实都是跟古代房屋建筑的东西配置有关。

古人建房子最重向阳，所以窗户和门都在南面，古代室门称"户"，南窗称"牖"，北墙只有通气的小后窗称作"向"（也写作"嚮""鄉"）。而"窗"原来是指屋顶的天窗，跟"囱"同源。（详拙作《说"牖中窥日"之"牖"》，《文史知识》1998年7期。）

房子面南背北，南墙上的"户""牖"各分东西。《说文解字》"牖"字段玉裁注："古者室必有户有牖，牖东户西，皆南向。"此注里的"东""西"正好说反了，应该是户东牖西，《说文解字系传》"家"字注，明说"东为户，西为牖"。这才是对的，这样孔子当年去弟子冉伯牛家问疾时，才能从牖中伸手至西南角的冉伯牛床而执其手。（《论语·雍也》："伯牛有疾，子问之，自牖执其手。"）段氏注这里可能是误解了《尚书·顾命》"牖间南乡"，孔颖达疏："间者,窗东户西,户牖之间也",那是指的牖之东、户之西的中间的壁,即扆。

东为户,户后为"宧",是堆放席子杂物的地方。进户则到东北角的"窔",那是饮食之处,厨房和餐厅。西为牖,牖下称"奥",是主人寝席卧息之处。由日光透牖照射处则称为"当室之白",也叫"屋漏",那是供神的地方。《诗经·采蘋》:"于以奠之,宗室牖下。"《诗经·抑》"尚不愧于屋漏",指的是无愧于神明。屋内一般有屏帏隔开,人们由户进屋之后,绕过屏帏,最后才能看到"奥",奥处于最深处,所以就有"深奥"这个词了。

就室内配置看,无疑是西重于东。

其实古代房屋建筑的东西配置大都是有意选择的。因为房子朝南则右首为西,左首为东,习惯上尊右卑左,所以在房建配置上,常常以西为较尊,而以东为较逊。

《公羊传·僖公二十年》"西宫者何"何休注:"礼,诸侯娶三国女……夫人居中宫,少在前;右媵居西宫,左媵居东宫,少在后。"君主如果有太子,太子所居也为东宫(汉代有太后居东宫,唐代有上皇居西宫的事,是后代之事了)。

迎宾揖客后主人上东阶(也叫阼,阼阶),宾客上西阶(也叫宾阶)。于是后来宾客乃尊称为"西宾、西席",主人则称"东人、东主、东家、东翁"。

宫城也总是右社稷、左宗庙；太庙在东，是在主位。齐国招贤的"稷下"之学设于京都西门，是为宾位。

所以，西厢宴客(汉王延寿《灵光殿赋》)，家厨则设于正房之东，叫"东厨"(曹植诗)。而设厕所更要偏于全所房屋之东角，说成以下这些用"东"开头的词："东司"，《古尊宿语录》卷十四："东司上不可与你说佛法也。"《张协状元》五十四出："黄昏侍奉我们上东司。"也作"东厮"，《醒世恒言·李汧公》："原来支成登东厮去了。""东厕"，《水浒传》六回："管东厕的净头。""东圊"，《西游记》六十七回："就是淘东圊也不似这般恶臭。""东净"，《金瓶梅》一十九回："西门庆正在后边东净里出恭。"于是上厕可婉称"登东"，《警世通言·拗相公》："见屋旁有个坑厕，讨一张手纸，走去登东。"

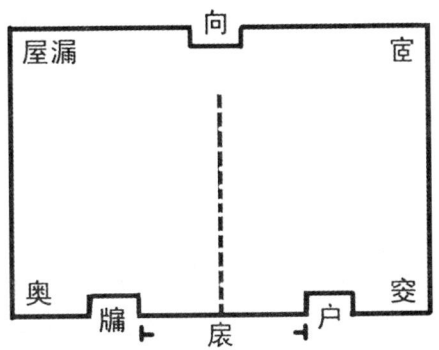

迎丙申，说干支所反映的古语信息

公历 2016 年 2 月 8 日，我们送走夏历乙未年，迎来了丙申年。

以天干命日，起于上古夏代人的习惯，《尚书·皋陶谟》记夏禹说自己"娶于涂山，辛壬癸甲"，结婚大事也只居留了四天，这四天就是用天干来表示的。夏代十七王中以生日十干命名的也有六位：太康（＝庚）、中康、少康、胤甲、孔甲、履癸（商人学了这制度，就全用天干为王名了）。干支是今天所能看到的最可信的夏语记录。

笔者早指出天干来自作物的种植生长、收获食用周期，地支来自每日太阳视运动周期（《夏语探索》，《语言研究》2009 年 4 期）。"丙"表作物子叶萌生分明。"申"，《说文通训定声》说"与寅同意"，寅为引宾，《广韵》"申：伸也、重也"即表重引再引，即再引太阳归入山谷，相对于"寅"一早引导太阳出山而言。"寅""申"都是指太阳的活动时间，源于《尧典》"寅宾出日""寅饯纳日"与甲骨文"出日、入日"的祭拜太阳神仪式。它们的音义与寅*lin申*hlin的派生方式,都是基于汉语,所以可以佐证夏语确实属于古汉语。

上古有 A(一二四等,中古限拼 19 声母)、B(三等,多出许多专拼三等的声母,切韵又增生腭介音)两类音节,笔者认为原是长短元音的区别:三等是无标记的短元音,一二四等是长元音。曾举元音有长短区别的泰文数词为证,惜泰文开尾数词已经一律长化,带尾韵则全粗合,三等短:一 et、六 hok、十 sip、九 kau;非三等长:三 saam、双 sɔɔng、八 pɛɛt。但遗憾的是像这样无疑的并且成系统的对应材料太少了。不过侗台语言也用地支纪年,这就增加了一份同样对应无疑且成系统的材料(侗台语言有的还有后来的借词层次,我们取"五六"带 h 冠,"酉"读 l 母、"戌"读 m 母的层次,有些先生总是强调数词、干支为汉语借词,这类声母说明即使是借词也是在上古,中古以下可没有这样读的汉语方言),惜有些台语方言长短对立已经不严格,但古老方言如石家话,就依然保持 saam、sɔɔng、pɛɛt 的长元音,同时其地支的非三等长元音卯 mɛɛu、亥 kaai 也保持不变,与短元音的丑酉 au、子巳 ai 对立,保存上古的长短系统格局。

2016 年属相是猴,网上贺年通行"猴年猴啊",末猴字谐音作"好",这符合好* huu'-hou-hau 演变链的中间历程。一直到宋代,陕西方言还是把"好"说作 hou。宋邢居实《拊掌录》:"东坡在玉堂,一日读杜牧之《阿房宫赋》凡数遍……,有二老兵皆陕人,给事左右,坐久甚苦之。一人长叹,操西音曰:'知他有甚好处,夜久寒甚不肯睡,连作冤苦声。'其一曰:'也有两句好'(西人皆作吼音)。"今陕音"好"一般已经不再读 hou 了,而粤音倒还是如此,没有到达 uu 裂化链终端。

猴俗称猢狲,本是猴狲(《玉篇》"狲,猴狲也",《广韵》思浑切"狲,猴狲",今成都、双峰都说猴狲),"猴"的演变链* goo-huu-hou-hou 中,如果 uu 段滞留,就并入"胡"了(再类化为猢)。这与"喉咙—胡咙""后衕—胡同"是同一变化。苏州话"胡"又再促化,就说成"活狲"(胡咙也说成活咙)。

地支配十二种动物为属相,秦简日书中已见,但午鹿、未马、申环(通"猿",《说文》"蠉从袁声")、戌羊,配置与今有异,说明相配还不稳定,到汉代则全都与今一样了。蔡邕《月令问答》还解释了顺序上分饲养与非饲养两类的安排:"凡十二辰之禽,五时所食者必家人所畜,丑牛、未羊、戌犬、酉鸡、亥豕而已。其余'龙虎'以下,非食也。"寅虎卯兔辰龙巳蛇生在野外,故安在上午阳气盛时,而其余家养六畜等安在下午及夜间阴气盛时。

其中例外就是申猴子鼠,鼠虽非饲养,生活却在屋内为主,还好理解。猿猴怎么也在屋内而不在野外系列呢？始终想不通。后来想到"人日",正月初一到初六排了六畜后排到初七为人,大概这里也是以猿猴代人进入属相系列了,不然,人"肖人"可怎么说啊。

为何说中国文明独是未中断的古文明?

《光明日报》2014年8月13日《理论周刊》刊载张绪山《中国文明是世界唯一未曾中断的文明吗?》,质疑史学界流传甚广的说法:四大文明中,中国文明是世界唯一未曾中断的文明。此文认为此说谬误,除埃及、巴比伦真的中断外,印度、希腊文明实际传承至今并未消亡或中断,其受外族征服时期文明与语言仍然得到很好的留存(与中国受外族统治时情况相似),因此不能说中国文明是世界唯一未曾中断的文明。

那么,为何史学界,包括那么多史学前辈如冯友兰、任继愈先生都认同这一说法呢,他们都错了吗?周刊编者希望大家讨论此一话题。

如果光说世界古文明的延留,那么不仅印度、希腊,这一名单还可以增添加长。其实,这句话是有条件和一定的适用范围的,讲的只是原创文明的延续。

我们知道,从野蛮到文明,重要的标志是国家的出现和文字的出现。

因此我们所讲的上古文明,只限于以原创文字表现的语言所负载的古国文明。所以只有埃及圣书字、亚述巴比伦楔形字、中国字、印度河古印章文字才合于这一要求。希腊字母来自腓尼基字母,不是原创的。印度河文字中断,梵语是雅里安人南侵印度后带来的,所用婆罗米字母也是由阿拉玛字母或腓尼基字母相关改造来的,人们怀疑其原创性。

四大文明,论其原创性,印度要加个问号,现在妥当点或者改成玛雅文明更合适。

《周易》剥卦新译解

《周易》是五经之首,历代多有注释,现代学者如郭沫若、闻一多、高亨、李镜池等先生更对其古经爻辞作了新解。

《周易》"剥卦"前四爻有三爻讲"剥床",高亨《周易古经今注》说其义为击床,"剥床以足"为足有病痛之象。若此则病肢击床岂非更痛。李镜池《周易通义》说为制作车厢而敲击之,以致伤及脚,若此则制作本多用手,本应伤手却偏伤脚。读来总觉肢体与剥床两者之联系生硬难安。

依我看来,此卦六爻像是一位封建领主自我吹嘘的告白,自诩身强体壮有功夫,宫中多内宠,农奴也勤劳肯干云云。古代社会里妻妾、奴仆皆为家产。此领主既然拥有宫人,自属王侯一级。试依此意译解如下,所叙读来可见洋洋自得之情,却似跟肢体病痛或受伤无关;爻辞事象与兆示之间用·号隔开。

剥,不利有攸往。

【新译】剥卦。击裂·不利出行。

内卦——（形容自己强有力）

初六　剥床以足。蔑贞,凶。

【新译】(我)一脚扫去就踢碎了床板。·轻易相贞问,凶。

六二　剥床以辨(蹁,膝头)。蔑贞,凶。

【新译】使劲一坐膝头就跪穿了床板。·轻易相贞问,凶。

六三　剥之。无咎。

【新译】有力方能搞裂它。·无碍。

外卦——（自诩有力又多财）

六四　剥床以肤(胪,腹前)。凶。

【新译】一鼓肚皮就压裂了床板。·凶。

六五　贯鱼以(帛书作食)。宫人宠。无不利。

【新译】鱼多穿串好烤吃,我宫里得宠宫人多如鱼串。·没有不利的。

上九　硕果不食,君子得舆,小人剥庐(芦)。

【新译】果实硕大留不吃,君子收获一整车,小人忙用来造葫芦。

瓠瓜留着不吃,老大了可制作葫芦,用以装酒装药或串联为浮圈渡河。孔子云:"吾岂匏瓜也哉,焉能系而不食?"说的就是这种葫芦瓜。

——此为计划在写的《周易爻辞新译解》中的一卦。主要修正高亨、李镜池二家之说。新解已发的有临卦(《东方语言学》第六期),丰、蛊卦(《周易研究》2006年第6期),核心八卦新解亦已完成,2016年9月刊于《华中国学》(总6卷)。新解主要着重文辞训释,不涉象数,反对神化《易经》的各种玄虚之说。

孔子赞仁与医为仁术

孔学的核心是仁,孔子一生谈论最多的就是仁。《论语》有59章说仁(《里仁》首7章都说仁,强调"君子无终食之间违仁"),全书凡举仁158处,所以,《子罕》篇"子罕言利与命与仁",通常解"与"为"和、同",说是孔子罕言利、命和仁,实际是说不通的,不合事实。因此这里的"与"字应和《述而》"与其进也,不与其退也"、《先进》"吾与点也"同样解为"赞许"。("命"也是孔学核心命题,《论语》有七篇谈到命,末章还在强调"不知命无以为君子也。")

中医强调医为仁术,是仁爱之心的最佳表现。我祖父郑集彬先生(字文卿)是位名中医,中医组织神州医学会永强理事,擅长儿科,是温州牛痘倡导人之一。他的诊所兼药店因此就叫"仁生堂"(在他去世后租售给馄饨店,即今著名的永强馄饨老店所在)。

家父嘉棣先生是文卿公长子,本来从小跟随父亲学医,有时已能独立处方。一次一个痘疹病孩的病突然好了,祖父追问,父亲夸耀说,我已经给用上鹿茸了。祖父大怒,说给孩子用药,应先试用毛角,有了效验才能用鹿茸,如此毛躁如何能做儿科医生,以后必然要出草菅人命的大事,为了仁生堂事业,为了贯彻他的仁学理念,毅然决定停止嘉棣先生学医,改送温州织锦学堂学习打经条,在祖父去世前他已经在瓯江布厂担任经条师了。

奥运开幕式的击缶失误

北京奥运会开幕式上,2 008个人排成缶阵来击缶,气势宏伟,既以迎宾,也表示2008年奥运开阵之意。但它却有些违背中华历史原貌之处。

一是,用击缶以吟诵孔子"有朋自远方来"不适合,孔门当以弦歌。君子迎宾当以雅乐:"钟鼓既设""籥舞笙鼓"。宋范仲淹《书海陵滕从事文会堂赋》说得好——"诗书对周孔,琴瑟亲羲黄,君子不独乐,我朋来远方"。那才是正统的做法。

而缶则本是西戎之俗乐,秦国较为通行:

《汉书·杨恽传》:"仰天拊缶而呼乌乌"注引应劭《风俗通》:"缶,瓦器也;秦人击之以节歌。"《说文解字》中也说道:"缶,瓦器,所以盛酒浆,秦人鼓之以节歌。"击缶,原初就是拿酒坛来敲。

《史记·李斯列传》载《谏逐客书》:"夫击瓮叩缶,弹筝搏髀,而歌呼呜呜快耳者,真秦之声也。"叩缶跟击瓮是一类事。

所以秦赵渑池会上有赵王鼓瑟而秦王击缶之请:

> 《蔺相如列传》:"蔺相如前曰:赵王窃闻秦王善为秦声,请奉盆缶秦王,以相娱乐。……于是秦王不怿,为一击缶。"

击缶要低于鼓瑟,所以蔺相如赢了一局。

击缶本是平民的俗乐。所以:

《陈风·宛丘》"坎其击缶,宛丘之道",在道路上也可敲。

《易·离》:"日昃之离,不鼓缶而歌,则大耋之嗟",那是说:"太阳快下山要点灯火了,大家不乘时击缶唱歌,那到老头子的时候就只能空自嗟叹啦!"可见那是傍晚时分村头歌会的用乐,贵族们想要奏乐是不需等日昃时分的。《盐铁论·散不足》:"往者民间酒会,各以党俗,弹筝鼓缶而已。"把"鼓缶"的性质说得很清楚。

所以迎宾礼本当安排先在中心演奏雅乐:编钟、编磬,鞉鼓,琴瑟、竽笙、箫埙,再接着在其外围列众击缶才是。

二是,击缶不当用方鉴。从《说文解字》对缶字的释义可以看到,缶是瓦器的总称。形状多样,但以圆坛、圆盆为主,虽然作为酒器,后来有了青铜制器,但方形是最少的,不典型的。这次开幕式却选用青铜方鉴,依曾侯墓报道,虽此也可有方鉴缶之称,样式也精美厚重,那却多用以藏冰,而非乐器之形。如果缶真像开幕式所选的这样沉重,两个人都抬不动(只好在底下装滑轮)的方鉴,蔺相如一介书生怎么能独力捧到秦王面前去?

古乐分为八音:金石丝竹,匏土革木。"缶"出于瓦器,应为土音,现在选用青铜方鉴,则属金音,况因敲其盖不响,又蒙上鼓皮来敲,则是革音。弄了个非驴非马的"四不像"了。

击缶其实就是庄子的鼓盆。《庄子·至乐》:"庄子妻死。惠子吊之,庄子则方箕踞鼓盆而歌。"成玄英疏:"盆,瓦缶也。"晋孙楚《庄周赞》:"妻亡不哭,亦何所欢,慢吊鼓缶,放此诞言。"《艺文类聚》卷三十六此处就写作"鼓缶"。盆应是圆的,请看"乐志"中的"缶"吧:

(图据宋·陈旸《乐书》)

《旧唐书·音乐志二》:"缶,如足盆,古西戎之乐。秦俗应而用之。其形似覆盆,以四杖击之。秦赵会于渑池,秦王击缶而歌。"乐器的缶是形似覆盆,《论衡·说日》:"视天若覆盆之状。"可见必是圆的。

孔子是怎么读"有朋自远方来"的？

百年奥运梦今圆，

八月八日寰宇欢。

北京奥运会开幕，各国运动员、记者、政要、观光客人齐聚北京，参与盛会，全球亿万观众收看直播。开幕式展现了中华几千年文明，在适合的情景里，舞台上呈现出古代文士齐声吟唱《论语》开篇孔子名言的场景："有朋自远方来，不亦乐乎？"这当然是用今天的普通话吟的，而孔子是肯定不会说后世的普通话的，他用的是"雅言"。《论语·述而》记载："子所雅言，《诗》《书》执礼，皆雅言也。"雅言是周代的通用语，孔夫子的弟子三千，来自各地，如果孔子只说鲁国方言，弟子就听不懂。所以，他当年是用雅言教的学生。（关于古代的通用语，有兴趣的朋友可以看我在新浪博客上发表的《中国古代的"普通话"》。）

普通话是通用语，雅言也是通用语。但几千年来汉语语音的变化是非常大的,孔子所处时代的上古音与今音可以说是有着天壤之别的。"有朋自远方来,不亦乐乎"如果用孔子当时教学生用的雅言来说,那就很不一样了,下面试用汉语拼音把上古音标注出来给有兴趣的朋友看看(其中声母后的:表浊音,e要发得舌位更高些,实际读展唇的u[ɯ],双字母元音表长元音。上古无声调,ˋ表紧喉,后为上声;-s表末尾带擦,后为去声):

有　朋　　自　远　　方　　来,　不　亦　乐　　乎
we' b:eeng z:is wan' bang re,　be　laag raaug h:aa

我们也可以找几个汉字来标注一下,按现代汉语发音来读,当然这是一种非常不严格的对应,纯属给不懂古音的读者找个相似的感觉(用两个字标一个字的都需要连读为一个音,"个"读轻声):

乌蛾　崩　自斯　碗　邦　乐,不呃　拉个　捞个　哈

上古没有 i 介音,所以"有"读得像"无","远"读得像"挽",都听起来很像厦门的闽语,所以有人说闽语里古音多,某些方

孔子是怎么读「有朋自远方来」的?

面是对的。古代没有轻唇音 f,所以"方"是 bang。但北京话鼻尾字保留古元音比别的方言好,所以普通话的"远方朋"的元音还和上古差不多。

现在的 l 母上古念 r(闪音),y 母中与舌音相关的部分则音 l。上古晚期的汉代还把著名的 Alexandria 译成"乌弋山离",正是"离"译 ria、"弋"译 lek,所以"亦"读 laag,"乐"读 raaug 正合这一规则。这两字都是入声,故古有 -g 尾。

现代无尾的 u,上古多读 a 来的,所以"乌"译 a,"乎"读 h:a。"乎"更古的声母是小舌音念 ghaa,却跟韩语、日语疑问句末的 ka 相似。

短短两句话却透露了好些关键的上古音信息。

"朋",甲金文最初指五个一串、两串相连的珍贵的贝或玉,《诗经》以"锡我百朋"比喻最高的满足。因此而引指以珍贵友情相串联的朋友,后来成为最常用的意义。

"豐",上面的两串丰,或说以朋玉表丰盛,或说"朋"为声符,都表明古人在造字心理上,"丰盛"也与"朋"字有关。

千古之谜《越人歌》

最近发现《越人歌》突然在网上红了起来,原来是电影《夜宴》拿《越人歌》作了插曲。周迅娓娓的唱腔打动了很多人:

今夕何夕兮,搴舟中流。

今日何日兮,得与王子同舟。

蒙羞被好兮,不訾诟耻。

心幾(几)顽而不绝兮,得知王子。

山有木兮木有枝,心悦君兮君不知。

《夜宴》捧红了《越人歌》,却又把《越人歌》安错了家门。《夜宴》的对外宣传都把《越人歌》说成是根据《诗经》填的词,这真是大错特错。不知道这是为了提高电影插曲的文学地位,还是压根儿就真不知道《越人歌》的出处?《越人歌》其实著录于汉代刘向《说苑》卷十一《善说篇》,跟《诗经》完全没有关系,它是公元前528年拿桨的越人为游湖的楚国王子鄂君子皙唱的歌。

《越人歌》虽然走红了，但知道《越人歌》隐藏了一个"千古之谜"的人还真不多。我们上面看到的只是楚人将《越人歌》翻译成楚辞形式的汉语翻译。《越人歌》是《越人拥楫歌》的简称，是古代越人所唱的歌，越人原来肯定不是这么唱的。《善说篇》中还用汉字记录了它的古越语发音：

滥兮抃草滥予昌枑泽予昌州州𩜱州䭲乎秦胥胥缦予乎昭澶秦踰渗惿随河湖

《越人歌》原文用汉字记音有32个字，而楚译人把它译成楚辞的形式后，用了54个字，竟多了22个字；可见两者不是一种语言，所以不能字字对译。因为双方歌式也不同，楚译人为了使译文合于楚辞歌式，其中还包含有一些只为凑韵而添加的起兴式游辞。所以这一段如同天书的汉字记音也就成了一个千古之谜，很多人都在猜测它的原义。

破译《越人歌》实际上有几个难题。首先要解决的是用来记音的汉字在当时的发音，也就是汉字的上古音。其次是每个字的上古音对应古越语的什么意思。最后,串联成句的翻译应当与《善说篇》的楚辞翻译对应得上。

由于民族学者推测古越族属南岛语族或侗台语族,1953年日本学者泉井久之助将《越人歌》试用占语(一种古南岛语)进行对比,1981年韦庆稳教授提出与壮语比较,作了很多尝试,但都存在一些问题。

1991年,我的《越人歌的解读》以英文形式发表于法国高等社会科学院《东方语言学报》(CLOA)22卷2号,后来经孙琳、石锋翻译成汉语发表于《语言研究论丛》(语文出版社1997年出版)。我把汉字依古音,以侗台语里文字形式较古的泰文为主进行译解,分原文为五句(左为原文,右为泰文意译):

滥兮抃草滥	夜晚哎、欢乐相会的夜晚,
予昌枑泽、予昌州	我好害羞,我善摇船,
州馍州焉乎、秦胥胥	摇船渡越、摇船悠悠啊,高兴喜欢!
缦予乎、昭澶秦踰	鄙陋的我啊、王子殿下竟高兴结识,
渗惿随河湖	隐藏心里在不断思恋哪!

这个译解用的是我的上古音拟音系统,所对泰文是个内部统一的音韵系统,对音条例很规则,只在个别音类出现变异的例子才引证同语族语言中同样变异的语例。对原译四层意思尤其是"蒙羞被好""心几(几)顽而不绝兮得知王子"(自羞鄙陋而王子不以此见绝)的感激之情都有了相对应的交代。(只有"山有木兮木有枝"一句当是楚国译人为满足楚辞韵例凑足六句而添加的衬韵句,以"枝"谐"知"而已,故泉井氏、韦氏也都没有把此句考虑在内。)我的对译得到我国台语研究大师邢公畹先生及国外两位泰文专家的肯定,由此可以确定越人歌是用一种古台语写作的。

下面我们来举例说明一下我的对译。看不懂音标也没关系,主要是了解一个过程。如:

第一句:[滥兮抃草滥]——夜晚哎,欢乐相会的夜晚

滥,古音 hgraamh:泰文 glam' 夜晚、黑暗

兮,古音 hee:泰文 hɛɛ 哎

抃,古音 brons:泰文 blxxn 欢欣、陶醉(x 代后半高元音[ɤ],相当于汉语拼音 e)

草,古音 tshuu:泰文 cx',遇见、相会

滥,古音 hgraamh:泰文 glam' 夜晚

下面我们进一步省略音标来说明。

第二句：[予昌枑泽、予昌州]——我好害羞，我善摇船

予 la：泰文 raa 我们，我
昌 thjaang：泰文 djaangh 很会、多么
枑泽 gaah-draag：泰文 kra'-'daak 害羞，难为情
州 tju：泰文 cεεu 摇船

第三句：[州馣州焉乎、秦胥胥]——摇船渡越、摇船悠悠啊，高兴喜欢

州：摇船
馣 khaam'：泰文 khaam' 渡越
州：摇船
焉 jen：泰文 jɯɯnh 久久
乎 haa：泰文 ha 啊
秦 dzin：泰文 djɯɯnh 愉快
胥胥 sa：泰文 sa' 满意、称心

第四句：[缦予乎、昭澶秦踰]——鄙陋的我啊，王子殿下竟高兴结识

  缦 moonh：泰文 mɔɔm 污秽

  予：我

  乎：啊

  昭 tjau：泰文 cau'王子，主、君

  澶 daanh：泰文 daanh 阁下

  秦：高兴的

  踰 lo：泰文 ruu' 知悉、晓

第五句：[渗惿随河湖]——隐藏心里在不断思恋哪

  渗 srumh：泰文 zumh 隐藏

  惿 dje'：泰文 cɯɯ 心

  随 ljoi：泰文 rɯaih 始终不断

  河 gaai：泰文 graih 思慕

  湖 gaa：泰文 ga'哇[语助词]

可以注意到的是原语中有许多与汉语是同源的:"兮、乎、予"几乎都同音同义。"州"也就是"舟",但用为动词。"踰"也就是"喻"(家喻户晓的"喻")。"昭:主""抃:忭""草:遭""昌:匠""秦:亲""惿:志""澶:殿""滥:暗阴"等分别音义相关。译"心"专选一个心旁的罕用字"惿",也似乎有点特别用心。以"昭"对"主"也是后世"诏"对"主"的先声。从此歌译解看,既证明《越人歌》是一种侗台语,又证明它的许多语词是与汉语同根的。

此一译文在韵律上是二与四句、三与五句各自相叶,第一句是"滥"字首尾循环,"草"叶第二、第四句("草"古幽部,与"州"叶、侯部"踰"亦韵近)。本译文虽与韦译同用台语比较,但因古音拟音见解不同,故只在取"滥"字的夜晚义这一点上与韦氏相同。

泰文 raa 表"我们俩、我",同源的吕语 hra、白泰语 ha 则都表"我"(李方桂,1977)。

泰文 sa "称心"对"胥"字,此词也见于"姑胥",即吴王在其都城郊外山间的夏宫之名(也译为"姑苏"),同样有"称心之地"的含义。"秦胥胥"跟"州𩜁州焉"一样,是台语里常见的、使用重叠手法的词语修辞变化方式。

根据以上的解读,最后将《越人歌》全文今译与古译(印楷书)对照如下:

滥兮抃草滥

今夕何夕兮,

夜晚哎、欢乐相会的夜晚,

予昌枑泽、予昌州

(蒙羞被好)搴舟中流。

我多害羞,我多能摇船。

州𩜱州焉乎、秦胥胥

今日何日兮,得与王子同舟。

摇船渡越、摇船悠悠啊,高兴喜欢。

缦予乎、昭澶秦踰

蒙羞被好兮不訾诟耻。心幾顽而不绝兮,得知王子。

鄙陋的我啊、蒙王子殿下高兴结识,

渗惿随河湖

山有木兮木有枝,心悦君兮君不知。

隐藏心里在不断思恋。

千古之谜《越人歌》

温州正月滚龙灯

温州儿歌唱道:"正月灯,二月鹞,三月麦秆做吹箫。"旧时温州民间最热闹的活动就是"正月灯"了,因为从月头一直闹到元宵节才到高潮,过了元宵方"落灯过"。《中国社会科学院院报》征求老人们对故乡正月旧俗的回忆,正好前几日翻旧材料看到我在1949年上初三时的一篇作文,记了当时温州东郊永嘉场寺前街(今名永中镇,温州市龙湾区府驻地)"划龙灯"(即滚龙灯,舞龙)的情况,于是录之以应。

每年的正月里头,寺前街的龙灯是看不完的。这个街市正是永嘉场的商业中心,无论后陈、前庄,山底山外,各村的龙灯,总要到这儿打个转儿,博几个彩头。因此一天有时也会有十来条龙经过。

正月十五灯节边儿却更热闹了。这天夜里便有两条大龙:一条是上吴的,一条是三都的。这两个地方总是在同

温州正月滚龙灯

一天中放灯,互相赌胜。为了这个缘故,这天也更闹热,人们都怀着极大的兴奋,等着这天的到来。

当龙灯还未来的时候,街头巷尾都已经站满人。听着打起号,孩子们都跑到远远的地堂去探看,他们的小灯笼在街中摇来摇去:"哇,灯到了沧头了!"(沧头在街南端),"到了五显殿啦!"(温州称庙为殿,庙在南街,商业中心在中街、北街)……

头站来了,是一队背回避牌、牌灯、令灯的人。头站一走过去,人们心中便更增了一些热望。接着便是些动物灯,扎成戏出的灯,以及"抬阁"。有时还有汽车灯,里面挂着小灯,一班扮成农工商学兵的小孩子站在里面随灯走。最有趣的是鱼灯,又名小龙灯,是编成一队的身躯活泼的小孩子,每人执一盏水族的灯,红红绿绿,十分巧致,用龙作首,以下是鲤鱼、鳌鱼……当他们走过时,只要有一家门口烧火塘(火堆)迎接,便打一个大圈子,开始滚起来。在圈外面又有一盏乌狼(河豚)灯和一盏金鱼灯,围着他们走碰头。

其后鸣锣喝道的,是出龙这村庙的尊神的香亭抬了过去。

最后龙来了。划龙灯的走路也有特殊方式,经过桥梁,就摆头摇尾的过去,经过街道,便扎下马步慢慢地滚了过去。这时好事的人便点了炮仗向他们的腿部乱抛,有时竟会将人裤脚都烧出一个洞来。

龙灯遇了庙宇,必停下参谒拜访,在庙庭里滚圈子,叫作"滚龙",大都滚出"天下太平"四个字。遇到烧火塘、摆香案的有大院子的大户人家也会进去滚圈子。滚龙时有小锣小鼓敲打"龙灯鼓儿"。大家一路追着龙灯跑,就是看他怎么依锣鼓节奏滚出"天下太平"四字来,这是看滚龙的高潮。

遇到庙宇和香案,舞龙前先要由龙灯队专门的"参鼓先生"(龙灯师)去参香——配着大鼓唱祝词。唱这种鼓词就叫作"参鼓",也叫"参龙",唱得很是高亢好听,也有人喜欢追着听的。如果唱错被听众听出来,就还要"重新打鼓重新参"了。

灯节里,寺前街的肉价是一定高涨的,因为各家都来了许多来看灯的客人。寺前街的龙灯不仅街上人自己看,自己兴奋就够了,也邀请周边山村的亲戚来一起看灯,一起快乐的。

编者按,本文有许多民俗词语,或为今天的读者较难理解的。如"抬阁"一词,是指旧时民间迎神赛会中的一种游艺项目。四人抬着的方桌或木台上扮演着戏曲故事的人物。此外还有一些方言词,如"地堂"指地方,又写作"地宕"。另如"走碰头"一语,是"走着碰到了"的缩语。感谢温州籍学者游汝杰、潘悟云、金理新等先生的指教。

"端午"漫话

端午节又到了,温州话叫"重五日、重五节",自然是指五月五日"五"的重复而言。这跟"二月二、三月三、六月六、七月七、九月九"都算节一样,可常说的也只"重九"可比"重五"。

《野客丛书》:"今言五月五日曰重五。"五月五日称重五好懂,怎么通称"端午"呢?"端"是开端,初始。《艺文类聚》(四)引周处《风土记》"仲夏端午,烹鹜角黍"注"端,始也,谓五月初五日也"。所以一月称"端月",初一称"端一",初五称"端五",五午同音,因也写作端午。原先是其他月的初五也可称端午的,《容斋随笔·八月端午》"唐玄宗以八月五日生,……《唐类表》有宋璟《请以八月五日为千秋节表》,云'月惟仲秋,日在端午',然则凡月之五日皆可称端午也",后来才成了五月端午的专称。

"五午"不但自古同音 *ŋaa',在历法上,正月建寅则五月正好对"午"。《史记·律书》五月"其于十二子为午",所以改端五为端午还有历法的根据。以此五月端午又单称"午日"。到明

「端午」漫话

清时又出现"端阳节"的叫法,午时为一日之中的阳气极点,大概取此来替换吧。

端午节最普遍的活动是赛龙舟,吃粽子(角黍),更早还有彩丝系臂等,来源有祭拜纪念屈原、伍子胥、曹娥、介子推等说法,可我最信服的还是闻一多先生的《端午考》所提出的,起源于拜龙图腾祭。其实屈原是在南人图腾祭日愤以身殉的。《淮南子·要略》"各有龙忌"许慎注"中国以鬼神之事曰忌,北胡南越皆谓'请龙'",《说苑·奉使》记越国使人说"蛟龙又与我争焉,是以剪发文身,烂然成章,以像龙子者,将避水神也",既然自饰为龙子,则祭拜龙祖更是重大之节日,竞渡、投粽、错臂等虽有以避蛟龙的记载,实际相反,应如闻一多所说,本皆起源于远古取悦龙祖之旧仪。古人濒水而居,依水而活,试问生活在川泽地区的人有不怕蛟龙(鳄鱼)的吗?

出于对图腾的敬畏,古时又对"五月五日"这一天很忌讳,称为"恶日",有时甚至还弃养当日所产之子。南朝梁宗懔《荆楚岁时记》:"五月俗称恶月,多禁忌,忌曝床荐席,及修盖房屋。"《宋书·王镇恶传》:"镇恶以五月五日生,家人以俗忌,欲令出继疏宗。(王)猛见奇之,曰'此非常儿,昔孟尝君恶日生而相齐,是儿亦将兴吾门矣',故名之为镇恶。"这也原是从怕得罪图腾而产生的原始忌讳来的。

三伏天的"伏"

阴历六月是一年最热的时候,此三旬合称为三伏天。立秋以后进入末伏,伏天也就快结束了。这个"三伏"是怎么来的,"伏"是指什么,一向也有不同的说法。

《初学记》卷四引《阴阳书》:"从夏至后第三庚(庚日)为初伏,第四庚为中伏,立秋后初庚为后伏,谓之'三伏'。"

《史记·秦本纪》"(德公)二年,初伏,以狗御蛊",《集解》:"孟康曰:六月伏日初也,周时无,至此乃有之。"《正义》:"六月三伏之节,起秦德公为之,故云初伏。伏者,隐伏避盛暑也。《历忌释》云,伏者何?以金气伏藏之日也,……立秋以金代火,[《封禅书》引加:金畏于火],故至庚日必伏,庚者金也,故曰伏也。"《正义》:"按磔、禳也,狗阳畜也,以狗张磔于郭四门,禳却热毒气也。"

《史记·封禅书》:"秦德公……作伏祠,磔狗邑四门以御蛊菑。"《索隐》:"按服虔云:周时无'伏',磔犬以御灾,秦始作之。

《汉旧仪》云：伏者，万鬼行日，故闭不干求也。故《东观汉记》和帝初令伏闭昼日，是也。"泷川资言《考证》："柯维骐曰：伏者，禳邪气使退伏。"

以上就有伏闭昼日或隐伏避暑、伏藏金气、退伏邪气热气等不同的说法。汉刘熙《释名》"伏者何？金气伏藏之日。金畏火，故三伏皆庚日"就用的伏藏金气说。《汉书·郊祀志》"作伏祠"，颜师古注："伏者谓阴气将起，迫于残阳而未得升，故为藏伏，因名伏日。"下面也引金畏于火说。宋高承《事物纪原·正朔历数》释伏日也用此，因而看起来该说比较正统。但泷川资言《史记考证》引中井积德：当时未有五行生尅之说，认为"当删"。我们也认为"伏"指伏藏金气至少是一般人不易认知的，还不如"隐伏避暑""退伏邪气热气"让人易解。

还有，从天象去看，"伏"还可能指大火（心星）的退伏。《月令》孔疏："《考灵曜》'主夏者心星'。《夏小正》指出五月"初昏大火中。大火者，心也。"大火到六月，黄昏时则从大暑后逐渐向西退伏，古谓之"伏火"。《尔雅》："大火谓之大辰。"大火星是古人观测时间的重要标准，《诗经·七月》的"七月流火"就是说六月之后大火星更偏西向下了。星象自比金气邪气具体。

此外，又有章太炎先生《新方言·释言》推测，"伏"表礫狗

三伏天的「伏」

祭神禳蛊,伏祠应即《说文解字·副》中所说的"《周礼》曰'副辜'"的副辜祀,认为伏是副之借字,"正因磔狗得名",批评"汉以来皆释为伏闭伏藏,不知其即副字"。不过也有一些疑问,"伏"是浊音並母,"副"是清音送气滂母。《山海经·中山经》:"其祠泰逢、熏池、武罗皆一牡羊,副。"郭注:"谓破羊骨磔之以祭也。"用"副"于磔羊。磔禳的时间各季皆有,依《月令》季春"九门磔攘",季冬"大傩旁磔",皆不同于"伏"祭专指季夏六月磔狗。

上面引列了"伏"日的不同解释,是否还有遗漏,究竟哪个更妥当,还请大家抒发意见。

"床前明月光",究竟是哪张床?

《文史知识》2010年第4期发了一篇冉休丹《李白〈静夜思〉别解》,又发了一篇骆冬青《乡愁与春望:从"静夜思"到"两个黄鹂"》,对李白《静夜思》这首诗真是特别关注了。

大家都欣赏白居易写诗提倡明白如话、老妪能解,而号为"诗仙"的李白也难得有这样一篇明白如话的诗篇。它的好处本在于全诗就是篇大白话,读起来自然亲切因而妇孺都能传诵上口、千年不衰。可竟然有好些人不欣赏这一点,嫌它太白,要把它改得文一点,格律强一点,或用典多一点,以便配上心目中的诗仙标准。

因为此诗"明月"两次重复:"床前明月光""举头望明月",这在古典诗歌格律里似很犯忌,所以宋代蜀本《李太白文集》就擅改成"床前看月光""举头望山月",竟把两个"明"字全抹掉。如果改一个或可能是版本问题,改两个就说明是专针对"明月"重复来的,这样做太过分了,反而不可信。况且改得很拙劣,可说改得理致远隔、神韵全无。因为,如果是"看月光","看"是主动的,则主观上已经明知那是月光,哪里还会有突然发现明晃晃月光时"疑是地上霜"的恍惚呢?"举头望明月",应是夜半眺望天心明月,如果是"山月",则是刚上山的初月或将下山的残月,平视可见,用不着"举头望"了;月在山头,时间上也当是黄昏或黎明,就不合"静夜思"的诗题了。所以那是妄人的乱改。

其实唐人作诗贵自然,不太忌重复。陆游《老学庵续笔记》中特欣赏"杜少陵《曲江》诗云:'一片飞花减却春,风飘万点正愁人。且看欲尽花经眼,莫厌伤多酒入唇。江上小堂巢翡翠,花间高冢卧麒麟。细推物理须行乐,何用浮名绊此身?'三联中叠用三'花'字,而意不重复,又何好也!"连重视格律的诗圣杜甫也不避重复,更不该拿这来限制诗仙李白了。

为"床"在卧榻义外另寻别解更是热闹,冉文引了四说,着重引了把床改释作"胡床"(马扎一类),和"井床"(井架)两说,而更欣赏后者,认为坐在庭中的胡床上,尤其徘徊在井床边看月,要比卧榻更合诗境。不过,首先"胡床、井床"并不能单说为"床"。再者,在庭中或井架四边,月光是普照的,怎么能分辨出前后,只说"床前"有月光呢? 只有在指卧床时,因床后面有靠背屏风(可看古画中的床),月光可洒照床前,却不能照到屏风后,这才可解释"床前"两字。

其实要为"床"求别解,四说远没说完全。在潮州方言中,桌子也叫"床",但是月光照桌前也不是个理。所以既然卧床是最浅白又最合理的,就不要再找别解了。

望月思乡,为古诗常题,不少诗人作过,那应是模拟古意的好诗题。骆文也引了杜甫"露从今夜白,月是故乡明"(《月夜忆舍弟》)。冉文说李白此诗是化用曹丕《燕歌行》"明月皎皎照我床"来的,其实那首燕歌行是写思夫的,李白诗更应脱胎于《古诗十九首》的"明月何皎皎,照我罗床帏,忧愁不能寐,揽衣起徘徊。客行虽云乐,不如早旋归"。这里头的床是挂着罗帷的,明显不是什么胡床、马扎或井栏,曹诗的床也应同样,他们都说到皎皎明月对床的照洒,惹起诗人的不眠和徘徊。这些诗里都强调的是明月,是床,是不眠之夜的乡愁,没了卧床可怎么体现不眠呀!

所以,希望别给"床前明月光"找别解了,免得明月蒙尘、眠床缺失,硬把这首明白如话的好诗,因杂七杂八的别解变成了涩诗。

也顺带说一下,冉文之末顺带说到马未都引《演繁露》"交床……足交午处复为圆穿,贯之以铁"。说马所点是失误硬伤,当改读为"穿贯之以铁"。他说明此原是胡三省按语,那是对的,但说句读有误不对。此"穿"表孔眼(《广韵》"穿:通也,孔也。"闽语至今"孔"还说"穿"),"圆穿"表圆孔,故可贯之以铁,如果属下读,则前面一句"足交午处复为圆"成什么话呢。此句的点读倒是用得上训诂别解功夫的。

(本文原刊于《文史知识》2011年第8期)

「床前明月光」,究竟是哪张床?

虎年说寅、虎

今年(编者按,指 2010 年)依农历是庚寅年,生肖属相为虎,故称虎年。

从历史语言方面看"寅"与"虎",可说的有五:

一、"庚寅"让我们想起了古楚国大诗人屈原,他在《离骚》里头就说:"摄提贞于孟陬兮,惟庚寅吾以降",上句是说,时间正当摄提岁(寅年)的正月(寅月),下句说庚寅日他降生了。寅年寅月寅日,这生辰是够巧的,真是虎虎生威啊。但"寅"是否对虎,楚辞却未有表现。

二、我们现在能看到的最早的属相记录,是秦简《日书》,出自秦代。比起干支的产生年代来,那就晚太多了。因为早在夏代,已经出现日名、王名用天干来命名了,天干地支当是夏人的创造(详拙文《夏语探索》,《语言研究》2009 年第 4 期)。

"寅"属地支,地支起源于每天的太阳运动时辰周期。"寅"表引,即《尚书·尧典》的"寅(引)宾出日",来自先民太阳崇拜的迎日仪式(与申时的送日仪式相对)。依《淮南子·天文训》《史记·律书》《汉书·律历志》及《说文》《释名》所作声训择善而从(下列所引"也"前各字),十二支的得名之由应是:

子,兹(《说文》:兹,黑也。)也:夜半全黑无光。

丑,纽也:太阳纽束未出。寅,引也:宾引迎请出日。

卯,冒也:阳光冒出天门。辰,振也:金乌振羽升空。

巳,已也:阳光已经普照。午,牾也:日中阴阳交件。

未,昧也:太阳偏西渐昧。申,伸也:重引饯送入日。

酉,留也:太阳逗留昧谷。戌,灭也:太阳入地光灭。

亥,阂也:阂闭天门藏日。

从寅时起,天色向明向阳,故属相"寅卯辰巳"所配"虎兔龙蛇"皆为野外活动的动物;午后天色向昧向阴,就以配家里活动的家畜为主,先配六畜"马羊鸡狗猪牛"。汉蔡邕《月令问答》对此有说明:"凡十二辰之禽,五时所食者必家人所畜:丑牛未羊戌犬酉鸡亥豕而已,其余龙虎以下非食也。"(这里家畜未提马,或许把"午马"也排在"龙虎以下"一类了,似是说,马虽为家人所畜但平常不是供吃的。)可是除了六畜还有两个例外:"申猴、子鼠"。"子鼠"可以解释为它也生活于人家屋内。唯"申"配猴,而猴是不在家里活动的。放马滩秦简《日书》中申对猴,所配同今一样;睡虎地秦简《日书》所配则有变化,申配"环"(猿),这就可另行推想了。东方朔《占书》:"岁正月一日占鸡、二日占狗、三日占羊、四日占猪、五日占牛、六日占马、七日占人"。占了六畜还占人(所以正月初七向来称为"人日")。那么申配"猴←猿"之前有可能原先也是配"人"的,人,自然是在家里活动的,那就不例外了。

三、"虎"字今读 hǔ,中古音《广韵》为呼古切,晓母模韵上声 *huo',上古为晓母鱼部上声字 *haa',因可谐来母"虏盧",更早应读复声母[*qhlaa']。《本草纲目》曰:"虎,象其声也。"不知李时珍心目中虎的叫声是 *hu 还是 *huo,反正想不到 *hlaa 那样的音去吧。上古鱼部字读 a 韵,是 1923 年汪荣宝《歌戈鱼虞模古读考》比较梵译名,如 buddha 译"浮图、浮屠"等语例时才发现的。今 u 韵上古读 a,是上古音标志性的特色。由于鱼部字藏文"五吾苦狐睹雇咀鱼侣女如无武"、缅文"五吾苦虎户贾连咀鱼雨无慕膴辅"、泰文"五虎贾股乌壶瞳渡土辅傅莽(犬)膴(多)余(我)"都仍还读 a 元音,所以它们也构成了汉藏语言比较的基础。鱼模麻韵上古同部,故"虎"可作麻韵虚讶切"諕䦆"

等字的声符。

四、虎的异名很多,最出名的是"於菟"。《左传·庄公三十年》"斗縠於菟为令尹"、《左传·宣公四年》记楚令尹斗氏子文原是私生子,生而被弃由虎乳养的经过,并说:"楚人谓乳'縠',谓虎'於菟',故命之曰'斗縠於菟'。"《释文》:"縠,奴走反,楚人谓乳曰縠,《汉书》作豰"(左下弓实应作子),"豰,奴口反。於音乌,菟音徒"。(《汉书·叙传上》自记班氏祖先此事则作"於檡",颜师古注:"縠读如本字,又音乃苟反。於音乌,檡字或作菟,并音塗。")则"縠"为借字,正字豰左下当作"子",古音为[*noo'],跟缅文nou'、纳西no(乳汁)最相近;"於菟"古音是[*'aa-l'aa],跟哈尼语ha-la最相近,缅彝各语"虎"的词都为la,缅语kjaah也来自klaah(泰文khlaa、khaal或也源于此),所以楚人语言在汉化之前有可能更接近于缅彝语。(於菟与"虎"虽也同源,在发展方向上"虎"存前单化,於菟则分化为二音节,其主音节为l'a与缅彝支语言更近。)

《方言·八》:"虎,陈魏宋楚之间或谓之'李父',江淮南楚之间谓之'李耳',或谓之'於䖘',自关东西或谓之'伯都'。"郭注:"於音乌,今江南山夷呼虎为'䖘',音狗窦。"晋代南楚人还说"乌菟"。李时珍说:"李耳当作狸儿……今南人犹呼虎为猫,即此意也。"虪、貍皆可音转如"李",土家语虎 li 最近。"都"古音为 *taa,则与藏文虎 stag 相近。

《尔雅·释兽》:"甝,白虎。"《释文》:"甝,《字林》下甘反,又亡狄反。"《说文》右旁"甘"写作"日":"白虎也,读若鼏(莫狄切)。"今侗水语虎 mem,有可能即从此字来。(因右旁"日"依段注实是"冥省声"。但也有可能对应的是《尔雅·释兽》下文的"貘㹮,似貍"的㹮。)

至于壮语虎 kuk,应对应的是《尔雅·释兽》貔条中的"其子豰"的豰,郭璞注:"虎豹之属。"《释文》火卜反,《尔雅音图》"豰音谷"。(《集韵》居六切又作"狗",注"黄腰也",司马相如《上林赋》"獑胡豰蛫"中"豰"字,郭璞即注为黄要。)至于虎在泰文说 sɯa,苗瑶说 so³,可能是对"虘"(才都切、丛租切,暴虎。《玉篇》写作䖑:昨古切,生虎)和"虪"(式六反,黑虎)的,尚待细究。

阿尔泰语多称虎为 bars。汉代征匈奴"蒲类泽",即今"巴里坤"湖(虎湖),汉代"蒲"正读 ba,用来译 bars 的 ba 很精确。此词或可与汉语"豹" *preews 联系,汉语复声母带垫介音 r、l 的,阿尔泰语因无复声母,故须改为韵尾,如古汉语"马" *mraaʔ 改为 mal(大牲口),"谷"(古指小河溪) *kloog 改为 *gol(河)。

虎年说寅、虎

五、虎是令人畏惧的猛兽，所以民间禁忌说虎，古来北方婉称之为'大虫'。温州人称之为"大猫（白读'驮茅'）"。长沙人虎与府、腐同音，乃改腐乳为"猫乳"，府正街为"猫正街"。唐高祖李渊的祖父名叫李虎，唐人更加避讳，称虎为彪、兽、猛兽（颜师古注《汉书·叙传》，即改《左传》"虎乳之"为"兽乳之"）。不宜用兽字时，则如"虎贲、虎丘"都改为"武贲、武丘"，甚至连成语"豺狼虎豹"在敦煌写本《沙州图经》中也写成了"虫豹"。唐人编的《隋书》，乃至《经籍志》都把北周虎门学士写作"兽门学士"，《礼仪志》把《白虎通》写作《白武通》，《律历志》把物候"虎始交"写作"武始交"，出现了许多笑料。

东西为什么叫"东西"?

"东西"连说,不指具体方位时,一般有三个意义:
1. 代指四方,指四方漂移无定处。

  1A. 唐杜甫《无家别》诗:"我里百余家,世乱各东西。"

  1B. 唐宣宗大中二年正月制:"所在逃户见在桑田屋宇等,多是[有]暂时东西便被邻人与所由等计会,虽[推]云代纳税钱,悉将斫伐毁折。及愿归复,多已荡尽,因致荒废,遂成闲田。"(《唐会要》卷八十五)

  1C.《古尊宿语录》卷十三赵州:"学云'如何是东东西西?'师云'觅不着。'学云'争奈学人无依何?'师云'依,即踏着地;不依,即一任东西。'"

  1D.《朱子语类》一〇四:"譬如人治生,也须先理会个屋子安著身己,……为学者不先存此心,虽说要去理会,东东西西,都自无安顿处。"

以上例子中的1B、1D条常被误认为"东西"表什物义的语源,新《辞源》和《汉语大词典》就是把1B解为产业,引作什物义的早期语例的。但认真一看,它很清楚是表四方流移、行无定处的意思,不应引为"东西"表什物义的语例。

2. 指酒杯。由西为宾、东为主,引指酒席之四座,再引指酒杯。

  2A. 宋王安石《寄程给事》诗:"舞急锦腰迎十八,酒酣金盏照东西。"

  2B. 宋黄庭坚《次韵吉老十小诗》:"佳人斗南北(宋史容注:故人南箕与北斗,言离别也),美酒玉东西。"

  2C. 金刊《刘志远诸宫调一》写李宏义贪杯:"掇坐善能饮醉酒,冲席整顿喫糕部餗(糜)……若还撞着奔如鬼祟,缠缴杀你不肯放东西。"

  2D. 宋周密《武林旧事九·高宗幸张府节次略》:"宝器:玉东西杯一。"

  2E. 宋秦观《次韵宋履中近谒大庆退食馆中》诗:"病来怕饮东西玉,老去惭陪大小山。"

也作"西东"。宋赵长卿《朝中措》词:"此去定膺先宠,且须满醉西东。"

此义从2A王安石诗可见,比较明显是从酒酬干杯以照四座而来的。酒杯可以是瓷是玉是金银的,如《宋诗纪事》三十九引《吴郡志》发吴孙王墓:"有东西银杯。"但好几本辞书把酒杯义的"玉东西"引作什物义东西的一解,如胡朴安《俗语典》东西条是抄翟灏按语:"古有'玉东西',乃酒器名。……已谓物曰东西。"龙潜庵《宋元语言词典》"玉东西"条:"按:古以玉为酒卮,'玉东西'当以玉制的东西为称,遂成专名。"皆不妥。《汉语大词典》"玉东西"条则又引清李调元《雨村词话·玉东西》:"玉东西,酒也。……今人谓物件曰东西,'玉',状酒色也。"这更是错得离谱之说,大词典引它时本当加按辨正。

3. 代指什物。

3A.《简帖和尚》:"婆子道:物事自卖在人头,未得钱。……官人道:寻常交关钱物东西,何尝推许多日?"(《也是园书目》列此于"宋人词话"类,但也可能经元人修改过)

3B. 宋张元干《诉衷情》词:"儿时初未识方红,学语问西东。"

3C. 元马致远《青衫泪》三:"但犯着吃黄虀者,不是好东西。"杨显之《酷寒亭》二折:"我骂你这泼东西。"

3D.《翻译老乞大上》:"主人家的东西,休错拿了去。"

3E.《翻译朴通事上》:"'咱有一件东西对换如何?''咱对换甚么东西?''我的串香褐通袖膝栏五彩帖里,你的大红织金胸背帖里对换着。'"

3F.《金瓶梅》三十五回:"教那个贼天杀男盗女娼的狗骨秃,吃了俺家这东西,打脊梁骨下过!"

从宋代发端,元明清以来用东西指代什物的语言现象越来越普遍,人们对于为什么把什物说成"东西",都很感兴趣,连崇祯皇帝都曾查询过它的来历。前人也对此作过种种解释。

清翟灏《通俗编·器用》"东西"条很有代表性:

《兔园册》:"明思陵谓词臣曰:'今市肆交易,止言买东西,而不及南北,何也?'辅臣周延儒曰:'南方火,北方水,昏暮叩人之门户求水火,无弗与者,此不待交易,故惟言东西。'"按,此特一时捷给之对,未见确凿。古有玉东西,乃酒器名。《齐书·豫章王嶷传》:"上谓嶷曰'百年亦何可得,止得东西一百,于事亦济。"已谓物曰东西。物产四方而约言东西,正犹史纪四时,而约言春秋焉耳。

翟氏此书是乾隆时成书的,他评论周延儒的解释只是一种聪明的应对,而非真正的语源解释,这是够准确的。但他自己的解释却也不见得高明。不知道以"东西"指酒杯,乃是从干杯时以杯底照四座来的,本与什物无关,所引《齐书·豫章王嶷传》则实际是抄的明方以智《通雅·谚原》"东西"条的误说。

周一良《魏晋南北朝史论集·读书杂识》已经指出,东晋南朝时钱陌不足,以西钱七十,东钱八十为百,故齐武帝以为百岁难期,能如东钱、西钱那样打个折扣,活上七十岁、八十岁也就够了。(按《隋书·食货志》记梁铸铁钱后,造成"自破岭以东,八十为百,名曰东钱;江郢已上,七十为百,名曰西钱"。)《豫章王嶷传》里的"东西一百"指的是隐语七八十,跟什物称东西根本没有关系。

旧时辞书的解释很多是袭用旧说,以讹传讹。旧《辞源》即抄翟书,加一则《逌旃璅言》:"世称钱物曰东西,称男子曰南北。于好男子无钱使者,辄诧曰:'好南北,无东西'云。"按,此书为明代苏祐撰,其实这一条也是从《通雅》抄的:

《通雅·称谓》:"称男子曰南北,犹称物为东西也。《逌旃琐言》曰:'世指好男子穷者,咤曰:好南北,无东西!'"

方以智《通雅》既是这些说法的根据,所以旧《辞海》就直接改引《通雅》,又把《齐书·豫章王嶷传》一段改为引《浪迹续谈·东西》条,按此书为梁章钜在道光年间写的,所引为此条后半段,正全抄翟灏的,旧《辞海》想来是为了跟《辞源》有别,而改引了较后出的书,甚是无谓。

新《辞海》沿袭旧说引《齐书》作为来源。新《辞源》除沿袭《齐书》旧说外,倒是新加了本文 1B 例、3C 例等,但 1B 例明显是错解其意的误例,是把 1 义误作 3 义来引了。

到《汉语大词典》才引周一良说纠正了《齐书》来源说,把七八十岁作为东西的别一义另立了。但它也抄新《辞源》把 1B 例当作"什物义"最早语例,犯了同样的错误。又沿袭了翟灏"物产四方而约言东西"的说解。

其实说什物因产于四方而称东西,其意义联系太曲折了,相当牵强。从东西约指四方延伸,也有人提出东西源于东京西京、东洋西洋等说。比较起来,任筱萌《"东西"指称万物的由来及其流变》(1999)提出的,"东西"来源于唐代长安的"东市西市"说,更有理致些,因为从"市"里买卖物品是人们日常的活动。

但该文除了元稹诗"城中东西市,闻客次第迎"外没有提出有力的直接证据来说明此语从唐代开始,所引唐人甚至宋人用例也不可信,如该文所引唐代1B例,以及宋代1D例都属于1义。照现在的材料看,唐宋主要还以说"物"为主,唐五代敦煌文献中的《藏汉对照词语》B卷(S1000卷)第16条,还是说"je'u-sji-ma-bur"[要什么物],而不说"要什么东西"。"禅宗语录""朱子·象山语录""王俊首岳侯状"等确切的宋代白话文献,通常还是用"物、物事"或"物件",而不用"东西"。西夏骨勒茂才的《番汉合时掌中珠》也同样还用"物"。

但像唐元稹《估客乐》"经游天下遍,却到长安城,城中东西市,闻客次第迎"那样写行市与货物买卖关系的,宋代文献中倒是比唐代多些:

《五灯会元》十九"上方日益禅师":"问:闹市相逢事若何?师曰:东行买贱,西行卖贵。"又元武臣《玉壶春》四折:"东行不见西行利。"(《汉语大词典》以此句立条,说东行西行犹东市西市。)

宋吴自牧《梦粱录》十八物产:"谚云:'东菜西水,南柴北米',杭之日用是也。"(按:"水"指饮料,茶酒果汁之类。耐得翁《都城纪胜·市井》也有"城东菜市、城北米市"。)

"东西市"起于唐代长安,当时发展得很繁盛,但它与日用什物的关系却不显明,不如宋代的材料更明显表示出"东西行、东西市"和日用什物的联系,从而表明从"东西行、东西市"买物转成以"东西"表什物具有更大的可能性。所以此词更有可能是从宋代两都扩散开来的。

"东西"指什物,元代既已常用,最晚宋代也应已产生了,前面所列出的几则可能为宋代第3义的非正式材料。

东西为什么叫「东西」?

153

用古音读唐诗

中秋之夜,举国赏月为乐。人们举头望月时,同时不禁会吟诵一些有关月夜思亲的诗句,寄托对远方亲朋的思念之情。最多的会是较熟悉的唐诗,如李白"举头望明月,低头思故乡"之类。

有时也会联想起,古人今人过节时心理相同,但李白那时吟诵的声音应当和我们现在不一样,可差别到底有多大呢?

上古汉语与藏语相近,甲骨文月与夕都写成"夕"。藏文月亮说 zla,缅文说 la,其音与汉语"夕"的古音* ljaa 相近也更相似。但汉语"月"字其实在藏文中也有相当的字,藏文中的鼻音 nja 即专指十五的满月(缅文 nnaa 则指夜)。这几个词的音义与汉语都有联系又差别巨大,除月与夜词义交叉外,汉语中的夕、月都是入声字有塞尾,而藏缅语却没有韵尾。不过这也是另一条规律,藏文中开尾的"日 nji、漆 rtsi、舌 ltje、刈 nga"在《切韵》中都收-t 尾,"民(人)mi、犬 khji、元(脸、原始)ngo"在《切韵》中收-n 尾,那么"月"在《切韵》中收-t 尾也应是合规的。

用古音读唐诗

现在可以拿几首唐诗标中古音看一下,因《切韵》声韵复杂,用国际音标标音则一般人不易读,我们不妨也试用《汉语拼音方案》拼一下:

除浊音排双字母外,r 表变舌根浊擦介音即浊 x;喉塞标 ',[j]标 y。元音 ï 表三等央高介音,ü 表其合口。音标[ɛ]写 ae(iae 省写为 ie),[ʌ]写 eo。简单点就这么安排。

先看李白诗:

《静夜思》

Zzieng' Yiah Sï

床前明月光,

zzhrïang zzên mrïang ngüad gwang

疑是地上霜。

ngï jjie' ddih jjïangh shrïang

举头望明月,

gïeo' ddeu müangh mrïang ngüad

低头思故乡。

dêi ddeu sï guoh hïang

《峨眉山月歌》

Nga-mri Shraen Ngüad Ga

峨眉山月半轮秋，

nga mri shraen ngüad buanh luen cïu

影入平羌江水流。

'riang' nyib bbriang kïang greong xui' lïu

夜发清溪向三峡，

yiah büad cieng kêi hïangh sam hhraeb

思君不见下渝州。

sï gïun bïu' gênh hhra' yïo jïu

又看李商隐诗：

《无题》

Mïo Ddêi

相见时难别亦难，

sïang gênh jjï nan bbried yieg nan

东风无力百花残。

dung bïung mïo lïg brag hwra zzan

春蚕到死丝方尽，

quin zzeom dauh si' sī bïang zzin'

蜡炬成灰泪始干。

lab ggïeo jjieng huoi luih xï' gan

晓镜但愁云鬓改，

hêu' griangh ddanh zzhrïu hhïun binh geoi'

夜吟应觉月光寒。

yiah ngrim 'ïng greog ngüad gwang hhan

蓬山此去无多路，

bbung shraen cie' kïeoh mïo da luoh

青鸟殷勤为探看。

cêng dêu' 'ïn ggïn hhüêh teomh kan

诗人困于离愁，所对虽非秋月，却觉得比秋月更悲凉。

注意带-ng、-n、-u尾的各韵，还保持着跟今音还几乎相同的现象。

说"梦"

"梦"字在音韵学和汉藏语言学上是个值得关注的词。

它在上古是蒸部字,蒸部的长音中古归一等登韵,短音字读三等蒸韵,唇音(含唇化喉牙音)如带 r 仍在中古三等蒸韵(冰凭逼域),不带 r 的就变东韵三等(冯福伏雄),唇音并且轻唇化。所以"梦"字中古就归东韵了。但东三遇鼻音却很特别地仍保留明母不读微母,跟塞音三母轻唇化不一样,所以"梦"字、"牧"字并不读轻唇。

这表明"梦"字参与了中古"'轻唇 v 化'遇 u 元音排除明母"的变化,因同为央元音文微韵遇明母都轻唇化为微母,可见梦字不参与,应是其央元音已经唇化为 u 元音了的表示。中古三等出现的介音 i[ɿ]与唇辅音拼合时会唇化为 ü、vü[ʉ、vʉ],促使中古后期声母变 pf、bv,其 f、v 是擦音性的,而鼻音 mv 的 v 是半元音性质的,与 u 太相近,因而反而产生异化,在其前不出现这个 v。所以东三、尤等 u 元音韵都排除轻唇化,成为唇音三等演变的一项例外。

"梦"在汉藏语中也是个有悠久历史的字,不但在汉语中早见于甲骨文,后世的《书经》《诗经》也都用了,也见于藏缅语,如藏文 rmang,独龙语 mlang、阿侬怒语 mang,景颇语-mang、僜语-mung、珞巴-mong。明显跟汉语同源。而加戎作 lma、或 rmo,羌语作 rmu 失尾。缅语则变作入声 mak,彝语读紧元音促调。在藏缅语族里缅彝语支跟藏羌语支不同的标志性特点,就是有一批鼻尾字读成塞尾入声字,典型的是"新薪(树)年、梦莽(蕚)"读入声。这在汉代白狼歌时代就如此了。歌中的"木"(树,与薪同源)即对译为入声"息"。

草缅文说 mrak,汉语对蕚,后世草莽写莽。本来跟梦字一样读鼻尾,缅文跟梦字一样变入声了。《集韵》莫凤切:"《说文》梦,不明也。一曰艸中曰梦",又夢再加草头(下以蓩代)"楚谓艸泽曰蓩"。古注说楚之'云梦泽'是'江南曰梦',可能就因其多草(蕚)吧。古楚语有浓厚的缅彝语底层。

以梦作声符的有"薨、䈛",后字表竹笋正对缅文 hmjac,此在耕韵,mrïing 与"新薪年"等 ing、iing 韵字同变。前、央高元音字在缅语变 a,就跟汉语的广州话、温州话一样,i 裂化为 ai,就如噎字,汉语古音是 ig,可裂变为 aik＞akj＞ac,所以"噎一七

说「梦」

节、新薪年篦"缅文都读 ac 韵。("一七节新薪年"等字本舌根尾,在中古汉语变舌尾 it、in)

从独龙语看"梦"是复声母 ml-(藏、嘉戎显示换序为 lm-),此当与汉语"朦胧"同源。

侗台语梦说 pfan(泰文写法,phan 龙州壮语、fan 傣语),与汉语"梦"来源不同。侗台的 p 组与汉语对比,除来自唇音外,又来自唇化喉牙音,例如:火 bvai、霎 pfon,从拉珈语"梦"作 hwɛɛn1、水语、毛难语中作 vjen1 看,原来可能对汉语匣母的"幻","梦""幻"两字意义也是相关的。

胭脂与焉支

胭脂作为旧时妇女最习用的化妆品，被视为我国妇女美容品的象征，并被许多女性用作名字，但它却不是汉语，而是可以确证的匈奴语。

这个词据《史记·匈奴列传》，最早的写法应是"焉支"，张守节《史记正义》引《西河故事》匈奴歌作"失我**焉支**山，使我妇女无颜色"。也写作"燕支、烟肢"，同传司马贞《史记索隐》引《西河旧事》作"失我**燕支**山，使我嫁妇无颜色"。这应是以盛产焉支花而得名的山。《史记索隐》又在注同传"阏氏"时引《习凿齿与燕王书》："山下有红蓝，足下先知不？北方人采取其花染绯黄，挼取其上英，鲜者作**烟肢**，妇人将用为颜色。吾少时再三过见**烟肢**，今日始视红蓝，后当为足下致其种。匈奴名妻作阏支，言其可爱如**烟肢**也。"《史记索隐》中又作支音，不作脂音，此也与《集韵》同。《集韵》支韵章移切："赼：䞓～，面饰。"

红蓝，中医称之红花，晋崔豹《古今注》："燕支叶似蓟，花似蒲公,出西方,土人以染,名为燕支,中国亦谓为红蓝。以染粉为妇人色,谓之燕支粉。"

虽然现在多写作"胭脂",但古代从上古至《切韵》,支、脂都不同音,支读 e 韵,脂读 i 韵,焉支本音 antje 或 entje,支改写作脂 tji,自是支脂两韵相混以后的事。《本草纲目》卷十五草部"燕脂"条则说:"产于燕地,故名燕脂,……俗作'臙肢,胭支'者并谬也。"这竟是据后来的俗写"望义生义",反过来否定古写了。又这是全照汉语语义来说的,李时珍不知道它不是汉语,不应依汉语解。晋时习凿齿他们把焉支的原料红花译为汉语"红蓝",说明是那种花染的粉叫燕支,与燕"脂"也全无关系。

温州话"胭脂",照字面文读是[i¹ tsz¹],但口语都说[i¹ tsei¹],第二字音同"支"不同"脂"。

温州话现在还保持古代支脂之分的活的语言证据。闽语也有不少方言保留"支脂"之别的。

胭脂与焉支

张爱玲传播的通俗语源

张爱玲是位享有盛誉的女作家,但她的语言学水平可不怎么样,有时文章中连带说及某些语源时,或以为"恍悟",实际常属于通俗语源(俗词源),当不得真的。不过张爱玲的作品影响却是传播甚广,所以需要作些澄清。

张爱玲在《谈吃与画饼充饥》中说:"烧饼是唐朝自西域传入,但是南宋才有油条,因为当时对奸相秦桧的民愤,叫'油炸桧',至今江南还有这名称。我进的学校,宿舍里走私贩卖点心与花生米的老女仆叫油条'油炸桧',我还以为'油炸鬼'——吴语'桧'读作'鬼'。"

此词早先作家如许地山《危巢坠简》写"油炸脍",阿英日记写"油炸烩",也都有俗传"油炸桧"的影响吧,但老舍《骆驼祥子》就写"油炸鬼"。说明不仅是江南,不仅是吴语这样叫,北京也是说"油炸鬼"的。其实桧读去声,鬼是上声,鬼字音才合于口语。更早的北京话写法却是"油炸果",《儿女英雄传》三十二回:"点心无非素包子、炸糕、油炸果、甜浆粥、面茶之类。"油炸果这种说法却跟温州一样。由此可见"果"应来自"馃"(《集韵》:饼也)的俗写,本指油炸馃子。果馃是歌部合口,汉代读gooi',所以今福州仍读guei,山西平遥仍读guei,都属古音滞留。杭州和北京馃读鬼同样不过是古音滞留的残迹,跟秦桧或"脍烩"并没有什么关系(而且果馃白读gui虽与鬼文读同音,吴语鬼白读则音ju,所以它与鬼实际也无关)。

《谈吃与画饼充饥》中又说:"里脊肉女仆们又称'腰梅肉',大概是南京话,我一直不懂为什么叫'腰梅肉',又不是霉干菜炖肉。多年后才恍然,悟出是'腰眉肉'。腰上两边,打伤了最致命的一小块叫腰眼。腰眼上面一寸左右就是'腰眉'了。真是语言上的神来之笔。"

这个其实比较简单,梅同音有"脢",从《说文》"背肉也"到《现代汉语词典》"脢子肉(里脊)",音义都还不变,无须联想到腰眼之眉。

她在《嗄?》?举出:"《金瓶梅》里屡次出现的'罢'(意即'薄')字,如'罢纱片子',也是淮扬地区方言,当地人有时候说'薄罢罢的'。'罢'疑是'绡',古代丝织品,后世可能失传或改名。但是在这一带地方,民间仍旧有这么个印象,'绡'是薄得透明的丝绸,因此'绡'是极言其薄。"

此词其实属于一种特殊的历史音变,部分中古萧韵见母字今读晓母,古尧切的"枭骁浇"都变读许骄切"嚣"。原因可能有俩:"枭"音避讳;或兼有南部民族底层影响。侗台语有 k-h 变化,如壮语[k]在傣语布依语变[x](壮语肩(臂)[ken]傣语[x-],龙州葭(茅)[ka2]布依[ha2])闽语建瓯见母"嫁韭救裹肝教箕"都读如晓母。究竟哪个因素为主还可研究(前一因素可能主导,因为这才能解释类似音变为什么限于这一反切的字;而后者影响音变方向),但嚣薄来自"浇薄"是可以肯定的,不会是"绡",那是个尖音字,明代还不会跟团音字嚣相混。

《"嗄?"?》文又提到,"《太太万岁》独多自成一句的'嗄?'原文是'啊?',本应写作'啊(入声)?!'追问逼问的叱喝。……抄手显然是嫌此处的'啊?'不够着重,但是要加强语气,不知为什么要改为'嗄?'而且改得兴起,顺手把有些语尾的'啊'也都改成'嗄'。连'呀'也都一并改'嗄'"。又说"旧小说戏曲中常见的'吓'字,从上下文看来,是'呀'字较早写法,迄今'吓''呀'相通。我从前老是纳闷,为什么用'下'字偏旁去代表'呀'这声音,直到现在写这篇东西,才联想到或许有个可能的解释。……说书盛行始自运河区,……苏北语尾有嗄(嗻)。《金瓶梅》有嗄字而未用作语助词,但是较晚的其他话本也许用过,嗄字一经写入对白,大概就有人简写为吓,笔画少,对于粗通文墨的说书人或过录者便利得多,因此比嗄流行。流行到苏北境外,没有扬州话句尾的嗄,别处的人不知何指,以为就是最普通的语尾'呀'。那时候苏州……也不识嗄字缩写的吓,也跟着大家当作呀字使用,因而有昆曲内无数的'相公吓!''夫人吓!'"

她提出旧小说戏曲中"吓"来自扬州嗄(嗻),但文中又说"近代小说里问句话尾的[嗻]字是苏北独有。……带点嗔怪不耐的意味"。这其实与旧小说戏曲中的"吓"音与语气都不合,昆曲内无数的"相公吓!""夫人吓!"更不是问句,也没带嗔怪的语气。按文章一开头因《金瓶梅词话》嗄饭一作下饭,即吴语下饭(菜肴),曾说过"可见嗄字一直从前就是音'下',亦即'夏'。"这话原说的不错,但后面就转向为嗻啥了。从南戏故乡温州读音看,"相公吓!"的吓通常可以读如 hho"霞下夏"的(苏州音同)。包文朴《乐清方言词典》把此音写成"[啊]hho 多用于告知对方的场合,表示强调、提示、祈使、揣测等语气:'再会～''你走好～'"。实际就是"吓"。这可能是吴语"相公吓"那"吓"的本来面目。(句尾'吓'写'嗄'是吴语下夏同音 hho。)

语气词的写法是写音,难以有确定的写法。比如《史记·

陈涉世家》"夥颐！涉之为王沈沈者。"夥，胡果切，这个词实际现在还用，但写成口旁的"嚄唉"。《汉语大词典》收了它，释义为："叹词，表示惊讶。毛依罕《铁牤牛》：'嚄唉，铁牤牛在奔跑哪，'人们兴奋地喊叫着。"其实那就是"夥颐"的新写法。所以吴语 hho 写"吓"也好，写"啊""嘎"也好，其实本都一样，但追历史早期写法，应该是"吓"罢。

张爱玲传播的通俗语源

谁是汉字的创造者？

古史上传说汉字是黄帝的巫史仓颉造的，造字是惊天地泣鬼神的大事。(《淮南·本经》："昔者仓颉作书，而天雨粟鬼夜哭。")我们现在能看到的最古的殷商甲骨文已经是成熟的文字，也是巫史阶层所使用的。周人指出，商人的祖先已经有典册(《尚书·多士》"惟殷先人有册有典")，则夏代时他们已经有成套的文献，这可能是向夏人学的，所以才用"雅(夏)言"写下来。那么推测其创始于黄帝时代的巫史阶层也是合理的。但自源文字皆约定俗成，不可能是某个个人能造出来的，虽然《世本·作篇》说"沮诵、仓颉作书，并黄帝时史官"，除了仓颉，还有沮诵，但即使两个人还不成，大概仓颉、沮诵这两人在整理、传授文字上有过功绩，所以秦汉的小学识字教本称为《仓颉篇》。

在汉字形成后，历代根据社会需要，依照造字六法("六书")增加造字则代有其人。我们还能找到一些具体的有名有姓的造字者。尤其在记录方言、外族语言的新词方面，造字需要更为迫切。所以西汉的扬雄应该算一个,他写《方言》,为了记录通语没有的方言词,除了用同音字外,也自己造字。罗常培为周祖谟《方言校笺》写序时,就指出"俺(爱)、悷(哀)、姩(好)"是扬雄自己造的字。第十卷专集楚语,云"湘沅之会凡言是子者谓之'崽'",这是表幼子的崽;"毊,短也,江湘之会谓之'毊'。凡物生而不长大又曰'瘶'。"此即今湘方言小称用的"唧"字。卷二:"(毳,物行敝)楚曰[幋][裤]",卷九:"丹阳会稽之间……汁谓之'箷(篱)'",这些方言词今尚通行于吴语区。比如这类字,可能也是由他新造的。

其次是东汉至六朝的梵经翻译者,许多梵音词汉语没有,除部分用译音外(如"偈""劫"),也只好造新字。比如以"迦佉伽"译梵文 ka、kha、ga;以"塔刹梵僧"节译 stupa＞thu-pa、ksetra、brahman、samgha,"呗懺儠钵"节译 pāthaka、ksama、daksinna-、pa-tra。以"袈裟"译 kasa-ya(下初从毛),"菩萨"节译 bodhisattva(初译"扶薛",后由"薛"造"萨")。这是一个译者群,不能具体指出谁造了什么字,但其中的"魔"译 ma-ra,据说是梁武帝定的。《翻译名义集》卷二《四魔篇》"辅行云:古译经论,魔字从石,自梁武来谓魔能恼人,字宜从鬼"。其实,为传入西域的新名词造字,早在西汉张骞时,就出现了"苜蓿、蒲陶(葡萄)"一类的造字。

还有适应避讳的要求。三国时吴景帝孙休是个爱当"新仓颉"的人,他认为帝王名字给避讳造成不便,就给四个儿子取名取字造了8个新字。《三国志》引《吴录》所载孙休的诏书说:

"人之有名,以相纪别,长为作字,惮其名耳。礼,名子欲令难犯易避,五十称伯仲,古或一字。今人竞作好名好字,又令相配,所行不副,此瞽字伯明者也。孤尝哂之。……孤今为四男作名字:

太子名𩅦,音如湖水湾澳之湾;字𩂣,𩂣音如迄今之迄;

次子名𩃬,音如咒䰙之䰙;字𩅿,音如玄磌首之磌;

次子名壾,壾音如草莽之莽;字昷,昷音如举物之举;

次子名㚟,音如襃衣下宽大之襃;字焫,音如有所拥持之拥。

此都不与世所用者同,故钞旧文会合作之。夫书八体损益,因事而生,今造此名字,既不相配,又字但一,庶易弃避。"

孙休诏书给以上8字只注音未注义,但字义实亦可求。"名"4字:亶《说文》:单,大也,则此字表雨大。靁自表雷声大。𪔂是改"彭"(《说文》鼓声也)来的,表鼓声大。兗是衣的变形,故此即改制褒字,表衣下宽大。所以此四字皆表大。第三子"字"之"𠭥"是个错字(如是"温媪"所从之𠭥,读"举"就与旧文冲突),《通志·六书略·论创意》引作𦥑,此无疑就表昂举;而《集韵》与"𦥑迄"同音的"扢,奋舞貌""掀,举出也""肸,《说文》振肸也",亦皆表振举义(𦥑当由肸和休必切的"𧮫"(音)糅合损益而成,下当开口,传写讹成闭口,则与庚韵武庚切贝母义的"𦥑"混同了)。壾由"遷"的声符本字改制,《说文》本义"升高也",壾《广韵》胡涓切音悬(《集韵》胡千切又胡涓切),闽语"悬"就表高。故此三字皆表高举昂升,惟㷋表烧火热气上仵、腾拥于上空,略微有别而已。孙休笑别人取名用好名好字,他自己虽改作新字,亦不能免俗取好义吧。

《颜氏家训·书证》指出:《尚书》影响,《周礼》测影,《孟子》图影,《庄子》问影等字,"皆当为光景之'景'。凡阴景者,因光而生,故即谓为景。……至晋世葛洪《字苑》傍始加彡,音於景反。而世间辄改治《尚书》《周礼》《庄》《孟》从葛洪字,甚为失矣。"此是说影字是从景字转注分化而来(古音 *ʔkrang→*

ʔrang 来自 *krang），但加彡是葛洪所造。《集韵》也说"景（影），於境切，物之阴影也。葛洪始作影"。这是造字人标于字书的一个显例。

《书证》篇又记晋时吴人张敞写《东宫旧事》，为记录吴音"逐乡俗讹谬，造作书字"。例如："以糸傍作禁代紺字；木傍作展代盞字；金傍作霍代鑊字，又金傍作患为环字，木傍作鬼为魁字，火傍作庶为炙字，既下作毛为罾字。"列了好多俗字。

武则天改唐为周，公元690年称帝改正朔前后，为了察看群臣对自己的顺逆、忠诚程度，特在凤台侍郎宗楚客帮助下造了17个新字，用于奏章的年号、年月、国君人臣称谓上，计：年号"载初、天授、证圣"与"年月日正"凡10字，圣讳"照""国君人臣"凡5字，共15字（另造"地星"是凑足两象三光）。其中实多采用古异体（《六书略》指明"天日年正授国地星"），只"载初证圣照君臣人月"九字是新造的，现在大家所知的则是她的名讳所用的"瞾（照）"字。（《六书略》18字"月正"各有异体，戴为载误分，实15字，缺列"人君"。）

《六书略》"论变更"还指出："對"左下原有口，汉文帝以"言多非诚"去之；"隋"原作随，隋文帝嫌"不遑宁处"去走之；"疊"原作疊，王莽以三日太盛改；"騧"右类祸，宋明帝改从瓜；"影"

旧作景，葛稚川加彡；"阵"旧作陈，王逸少改用车。点出不少造新字者。

历代字韵书皆增添不少新字，也关注方言字的集录，梁顾野王《玉篇》收"侬，吴人称我是也"。《切韵》蟹韵"荬，吴人呼苦苣"。《广韵》登韵"䐝，饱也，吴人云，出方言"。《集韵》更记录了不少方言字音。如求於切："㑢，吴人呼彼称"，呼贡切："吴俗谓草木萌曰蕻（下为栱）"，乌化切："吴人谓挽曰掗"，旨韵之诔切："闽人谓水曰冰"，狝韵九件切："闽人呼儿曰囝"。唐人已有取方言字入诗的，有名的如顾况《上古之什补亡训传十三章》即以闽方言字写了"囝"诗。但究竟是当地俗字还是顾况自造的，韵书并没有交代。

宋末永嘉戴侗《六书故》特重视俗字、俗音、俗义的记录，"晒墩烊圳"等后起字，"打"都假切，"尿"息遗切，"廿"读念，"泡训以汤沃物，妮训婢，箄训篮类，链训银铛之类，剩训用余"等新义皆他首录（实是利用旧瓶装新酒，为新词造字）。所记温州虫鱼如"鲋"（梅童鱼）、"鳈"（龙头鱼）等，有些或是他新造，如"蜇，乌介切"（海滩小蟹），字书都无此音义。

从宋元戏文元曲到明传奇，从宋元话本到明小说《三言两拍》，从乐府到冯梦龙《山歌》，方言字加速进入文学作品，至清代《何典》《海上花》等方言小说,"囡啥侬"等字都出现了。

现代除科学界翻译新词大造新字外,文化界也仍造有新字,如刘半农1926年造代词"她",鲁迅1929年在致舒新城的信中承认《故乡》的"猹"字是据乡音"生造出来的"(绍兴乡音查,指一种獾)。笔者1964年记温州话一个特殊音节时,也造过"拁"[dzou6,用力捺下]字,可能本来自"挫"的白读。

古代兄弟如何排行?

有位网友问了我一个饶有兴味的问题,古代兄弟姊妹以"伯仲叔季"四字排行,那么超过四个怎么办,是不是要循环着依"伯仲叔季"再来?

我说不能循环。在古代,尤其宗法社会里,极重长幼之序,季子总是最末最幼少的,要是循环了,岂非老四反要管幼子老五叫哥?

这位网友说他的循环印象来自:"昔高阳氏有才子八人,世得其利,谓之八恺。高辛氏有才子八人,世谓之八元。"史记索隐注引《左传》,其中的八元分别是:"伯奋、仲堪、叔献、季仲、伯虎、仲熊、叔豹、季貍。"这里怎么会有循环的呢?是不是八元八恺乃高阳氏、高辛氏之族内人,并非出自一家?

此外,我看金庸先生《神雕侠侣》中描写有兄弟五人,分别为:史伯威、史仲猛、史叔刚、史季强、史孟捷。最后一人为五弟,辈分最幼,却能以与伯字类似的孟字来取名,如果不可循环用之,是否是金庸先生出现了错误呢?

"八元八恺"应如所言,是同族不是一家。像金庸先生那样用"孟"来称老五是否可行呢?

古代老大"伯"也可叫"孟",男女都可用,班固《白虎通·姓名》:"適(嫡)长称伯,伯禽是也。庶长称孟。"孔子字仲尼是老二,他的异母哥哥就叫孟皮(见《孔子家语》);曹操的字是孟德。《说文》:"孟,长也",《方言》十二:"孟,姊也"。女的叫"孟"为多。所以有名的"孟姜女",就是姜家的大姑娘。

上古音"孟"读*mraaŋ,本来就跟"兄"*hmraŋ同一词根。到汉代读音发生变化,"兄"的声母*hm变为*hw,"兄"字读音就跟"荒"字接近了。东汉刘熙《释名·释亲属》:"兄,荒也。荒,大也。故青徐人谓兄为荒也。"青徐是今山东一带,现代汉语各方言大多接受了阿尔泰语传来的"哥"来替换"兄",山东人再没有读"兄"为"荒"的了,但在江西德兴、浮梁、婺源江湾等地的徽语"兄"读huae,还接近古音。

"孟"与"兄"同根,所以是不适宜再作四弟以下的排行的。

《释名·释亲属》这样解释"伯仲叔季":"伯,把也,把持家政也。"——宗法社会里常以长子继承父位当家。如春秋五霸,"霸"亦可作"伯",即指被盟国奉为把持朝政的长兄,"伯""霸"

通用。同义的"兄"字,从人从口,表示在家里是发号施令者,这与"公"字从口,上面的"八"表出声(甲金文的"公"下边不是厶),与表示国家的发号施令者相似。弟弟们对兄长是必须服从的。

唐代后,汉语借用阿尔泰语系突厥语的"哥"aGa,我们的"伯"字则传到阿尔泰语为"伯克"baeg,跟古汉语的"伯"一样,成了官长、贵族的称呼。"伯"字甲骨文只作"白",好几位文字学家解作日光初出,郭沫若则解为像大拇指,认为跟"擘"同根。不管哪一说,总之其字义是:最初的,指老大。

"仲,中也,位在中也。"——这个叫法还留在云南白语(汉语最亲的兄弟语)里,读 zv 阳去(第 6 调),在白语里,"仲子"是二儿子,"仲女"是二女儿。

"叔,少也。"——这个字也跟"俶"字同根。《尔雅·释诂》:"俶,始也;俶,作也",就是指才起来的,新生的。

"季,癸也。甲乙之次,癸最在下,季亦然也。"——这个字《说文》认为上面的禾是"从稚的字形省",比于幼禾,总之是最幼少的。不管多于或少于四个,"季"都是最末的,如果只有三个,它就是老三。"春夏秋冬"就各自分为"孟、仲、季"三个月(如孟春、仲春、季春),因而称为"四季"。文王之父季历是老三,上有"太伯、仲雍",所以末子为老三也可称季。晋代著名道家葛洪字稚川,他也是老三,"稚"即是季的代换字。

从史实看,除以"季"为末子外,伯仲以外叫"叔"的为多。周武王分封诸弟皆称叔某,因为他是老二。请看《史记·管蔡世家》:

"武王同母兄弟十人,……其长子曰伯邑考,次曰武王发,次曰管叔鲜,次曰周公旦,次曰蔡叔度,次曰曹叔振铎,次曰成叔武,次曰霍叔处,次曰康叔封,次曰冉季载。冉季载最少。"

以上老三至老八皆为叔某,老十即老小才叫"季载"。老四周公旦用了尊称,但下文就说"封叔旦于鲁而相周为周公"。屈原《天问》也说"到击纣躬,叔旦不嘉",都用"叔旦"。因为他只是老四而不是老小,所以并不叫"季旦"。

古代名字是分时段取的,先取小名,名,最后才取字。如曹操小名阿瞒,名操,字孟德。字以表德,名与字的字义要相应,如操、德皆指品行,孔子的儿子名鲤字伯鱼。取字是冠礼时(正常是在二十岁)之事,其时兄弟排行当可排定了。

此外，纬书所记传说中还有"皇氏五龙"的"伯、仲、叔、季、少"的叫法。《春秋命历序》："皇伯、皇仲、皇叔、皇季、皇少，五姓同期，俱驾龙，号曰五龙。"只有五兄弟的，也可依此排行，把最幼小的叫"少"，像前面金庸先生的那个例子，叫"史少捷"就比"史孟捷"要妥帖些。

现代取名用"伯仲叔季"就不方便了，因为取名早，不知道哪个才是老小。我当年在浙江乐清调查方言，发音人是有学问的赵一老先生。赵一先生有十一个孩子，他开初就先依"伯仲叔季"取名为"伯子、仲子、叔子、季子"（只论排行，不分男女，叔子就是一位清雅的姑娘，当时也帮着父亲辅助发音）。下面的孩子他并不循环，而称"春子、夏子、秋子、冬子"，老九直叫"玖子"，生了老十，先生想该是末尾了，就取了末子这样意义的字，不想后来又生了最小的十一子，乃取名为"土子"，土者，十一之合文也。如果在古代，应该是这位"土子"兄弟才能叫季子的。

"五族共和"的"五族"非仅指五个民族

1911年10月10日武昌首义的辛亥革命,终结了中国两千多年的专制王朝,把皇帝拉下龙位了,实现了转向共和政体的巨变。革命当时,革命军打的旗号是"十八星旗"。但后来成立"中华民国",北洋政府改国旗为横列红、黄、蓝、白、黑五色的"五色旗",这是怎么回事呢。

十八星旗代表内地十八省,五色旗则代表五族共和。

这是因为革命领袖孙中山1905年成立中国同盟会后,开初提出的纲领是"驱除鞑虏,恢复中华,创立民国,平均地权",以推翻清朝统治,光复大汉河山作为首要条件。这口号在发动占国民大多数的汉人方面固然有其号召力,但是要把满族都赶回东北,又未顾及国内其他民族,则不利于团结国内民族共同奋斗,来夺取革命胜利,是不妥当的。要建立民主共和国,自然需要团结包括满族在内的国内各民族。

所以孙中山1912年元旦于南京成立中华民国临时政府,

发表《中华民国大总统孙文宣言书》,即宣称:"国家之本,在于人民,合汉、满、蒙、回、藏诸地为一国,即合汉、满、蒙、回、藏诸族为一人,是曰民族之统一。"

这反映出革命党人从"排满"到"五族共和",提倡国内民族平等,这一重大的思想发展过程。

十八星旗表示内地十八省,不包含清廷不准汉人迁往的满洲、蒙古、新疆、西藏地区,共和政体建立后,消除了民族地区禁制,所以就以"五色"代表汉、满、蒙、回、藏这五大区域,并不是说国内只有这五个民族。

其中"汉"只是内地的代表,其实代表了同住内地的汉、白、苗、瑶、壮、侗、彝、佤等诸多兄弟民族。同样,"满"也代表满、锡伯、赫哲、鄂温克、鄂伦春等族,"蒙"也代表蒙、达斡尔、东乡、保安、土族等族,"回"代表回、维吾尔、哈萨克、柯尔克孜、撒拉、塔吉克等族,"藏"代表藏、门巴、珞巴、僜等族,都不是仅指一个族的。"五族共和"之所谓"五族",都只是标明该区域的代表民族。

「五族共和」的「五族」非仅指五个民族

龙年说龙的原型并及乾卦之龙

龙是先民们所崇拜的一种古老图腾。但它到底只是一种神话动物,还是有着真实的动物原型呢?十二属相中"子鼠、丑牛、寅虎、卯兔、巳蛇、午马、未羊、申猴、酉鸡、戌犬、亥猪"十一种都是真实而且习见的动物,不应只有"辰龙"是虚构的。

实际上古籍中就记载了"见龙、豢龙、屠龙、御龙"等不少事情。《左传》昭公十九年记郑国洪水,龙斗于城门外洧渊,二十九年记晋国"秋,龙见于绛郊,魏献子问于蔡墨"。蔡答:"古者畜龙,故国有豢龙氏,有御龙氏。……龙,水物也,水官弃矣,故龙不生得。不然,《周易》有之……"并引乾卦"潜龙、见龙、飞龙、亢龙、龙战"等,反问道:"若不朝夕见,谁能物之?"他把后来龙少见了归罪于水官没管好。

古籍一般都指出"龙"是水生动物中最厉害的。《大戴礼记·劝学》"积水成川,蛟龙生焉。"(《荀子·劝学》此句同,仅"川"作"渊"),《大戴礼记·四代》:"高山多林,必有怪虎豹蕃孕焉,深渊大川,必有蛟龙焉。"《大戴礼记·易本命》:"有鳞之虫三百六十,而蛟龙为之长。"所以古越人习水,要断发文身,像龙子图避蛟龙。然而也有不怕它的勇敢渔夫,如《庄子·秋水》:"水行不避蛟龙者,渔父之勇也;陆行不避兕虎者,猎夫之勇也。"这都是说的当时普遍的见识,那应是渔夫猎户朝夕所常碰到的动物,不像在说神话中的生物。

龙虽生于水,但也见于田、斗于野,可以算得上两栖动物,尤其龙生蛋必须在陆地。《淮南子·泰族》"夫蛟龙伏寝于渊,而卵割[剖]于陵",许慎注:"乳于陵而伏于渊,其卵自孚(孵)。"具有这种习性的水族只有龟鳖、鳄鱼。又《孔子家语》说龙"夏食而冬蛰",水族中同样是龟鳄等有这类休眠习性。

好些人认为龙的原型是蛇,但蛇不是以水生为主的,不可能是水族之长;蛇也没有腿,而龙则都有四足。从习性和形体特征看,原型应该是鳄鱼一类。龙有鳞有角有鬣,则应属在我国已经绝迹的巨型湾鳄(马来鳄)。因湾鳄双目之上眉弓大型隆起,很像双角。我国今存较小型的鳄鱼"扬子鳄",俗名"猪婆龙""土龙"(今安徽南陵、宁国方言仍称"土龙"),也说明鳄鱼是可以称为"龙"的。按称"鳄"是依据东南亚的叫法借来的:越南ngak,泰文转人鱼 ngɯak,《说文》从虫部:"似蜥蜴,长一丈,水潜,吞人即浮,出日南。"元周达观《真腊风土记》:"鳄鱼大者如船,有四脚,绝类龙,特无角耳。"明朱孟震《西南夷风土记》:"茅茞城壕内畜有异鱼,身长数丈,嘴如大箕,以尾击物食之。……缅人名为'龙'。"缅语鳄鱼 me-kjong＜klong,藏语龙 hbrug,音都接近于古汉语的"龙"。

何震亚《匈奴与匈牙利》(1937)中就已指出匈奴"崇拜鳄鱼为龙",后来许进雄《古文谐声字根》指出"龙,象形,大致是扬子鳄",何新《龙年说龙——答中央电视台记者问》(1988)更明确指出龙应是湾鳄。都跟我的想法相合。

郭沫若《释干支》(1982:90)引古希腊12属相,其中有一半是类似物,如虎对狮,鸡对鹤,龙就是对鳄鱼的。

至于传说中的龙有须、有髯,蛇身、鹰爪等有异于鳄的现象,那是对图腾的艺术化装饰的结果,是美化、神化图腾的心理反映。我们看舞狮、宫门口石狮的形象,就跟真实的狮子相差很大,那也属于艺术化的结果。

《周易》首卦"乾卦",就首先以龙来作为图象。《易经》每卦分上下六爻,下卦(内)三爻写下,上卦(外)三爻写上。就像坤卦下三爻写河流,上三爻写登陆一样,乾卦下三爻写地:初九"潜龙"、九二"见龙在田"都是地上之象,上三爻写天,除九四

"或跃在渊",是龙欲飞升之象,九五"飞龙在天",上九"亢龙"是指苍龙星座(六千年前濮阳仰韶文化遗址已以东龙西虎蚌塑夹尸以表升天),用九"见群龙无首"是指龙挂(水龙卷),就都是说天象的龙了。那是模仿地上龙的形象,在星象、气象上所作的反映。

"元宵"的语源

元宵节过了,年节的欢庆才算结束。

元宵所欢庆的,即它是农历一年里第一个月圆之夜,中国古代的"狂欢夜"。

"元"在甲骨文时期,字形上是"人"上加一短划,指示人体最高处即头部。《左传·僖三十三年》记先轸免胄冲狄师而死,"狄人归其元",杜预注"首也"。元指人首,也可指头一个,指年月日之始,《说文》:"元,始也。"所以,正月也称"元月"。元月的月圆之夜被称为元夕、元夜、元宵。这些词则是唐宋时才盛行的。

有人说元宵来自"上元",实际上那也是从"元宵"扩展来的。道教把正月十五的元宵称为上元,这是春季的头一个满月夜,把七月十五称为中元,十月十五称为下元,分别是秋季头一个满月之夜和冬季的头一个满月之夜。意图用此"三元"来对应"天官、地官、水官"三官。(天气主生木,木为春候;地气主成金,金为秋候;水气主化水,水为冬候。——可参看明代郎瑛《七修类稿》卷二十七说"三官"与三元。)

"宵"指夜。《说文》:"宵,夜也。从宀,宀下冥也。肖声。"《尧典》"宵中星虚,以殷中秋",孔传:"宵,夜也。"《周礼·司寤》:"禁宵行夜游。"郑注:"宵,定昏也。"用例都够早。"夕""夜"字都从夕(月),表满月更合适。那怎么又用肖声的"宵"来指夜呢。

今本《释名·释天》未释"宵",但释了"昏"字。有"昏,损也,阳精损灭也"。说明阳光消灭是夜晚的特征(不过以"损"作"昏"的声训不合适,因"员"与"昏"词根的声基不同,应说"泯灭"为好。《尚书·牧誓》"昏弃"条,王引之述闻:"昏,蔑也,读曰泯,昏弃即泯弃也。")。可仿之说:"宵,消也,阳光消灭也。"

这和"戌"*smid字的词源来于"灭"*med相仿,也指其时阳光已经消灭。所以"宵"应跟"消"*slew(参藏文sro-sji衰)同源。不言而喻,日入光灭则皎皎月出矣。

元宵节吃的汤团,北方也称"元宵"(制法用馅摇滚糯米粉,与南方捏糯米粉团加馅制成"汤圆"不同),这则是词义的转移变化了。

温州方言里的瓯越文化积淀

我是从研究母语温州话起步,走上语言研究道路的。温州方言有深厚的民族文化积淀。

温州文化是一种特殊的文化,历史上就是农耕文化与江海文化并重的,后者从温州方言里"簰(排)、舴艋、篷,鲈(叩)、鲞"与大量水产品名目中都可证明。这从周代《逸周书·王会解》所列贡品"东越海蛤,瓯人蝉蛇,蝉蛇顺食之美"就可见到,那里所讲的是鳝(鳝)鱼,温州叫蛇鱼(包筱清《温州方言初稿》:"俗谓鳝(鳝)为蛇鱼,《一切经音义》引《三仓》:'鳝,蛇鱼也。'")。通过海洋生产贸易,温州人能了解更广阔的世界情资。

温州先民起于古老的东瓯国,那属于百越一支的瓯越人,《山海经·海内南经》就说"瓯在海中"。瓯越分东西两支,东瓯后来汉化了,改说汉语吴方言;西瓯还有没汉化的,就是现在的壮、布依、傣、侗、水等族,现在温州话里的"簰、浜(河浜,古音bang,土音bie)、柚(柚)、蚻(蟑螂)、迫(袼褙)、埕(瓮)、夷(蟎)、垟（田地）、念头（瘾）、降童（降神）、啅（啄）、搂（挖）、累（抚摩）、尼（一点）、咦（又）"等，仍跟他们说法相同，"瓯"指碗（今指竹木碗）也相同。

东瓯王称驺摇，旧以为他姓驺，实际越人无姓，西瓯各语今仍称国主、首领为zau，东瓯王在《史记·高祖功臣侯者年表》中最初实封为海阳侯，全名为摇毋馀，"摇"只是他名字的首字。所以"驺摇"就是东瓯语"摇王"的译音。

旧时温州田间山麓多埋"金钵"，这跟西瓯地区的捡骨葬所用"金坛"一样，可见东西瓯越风俗也相同。

所以方言沉淀着最原始、最古老的文化痕迹，保留着种种地方特色，也是重要的非物质文化遗产，需要我们继承保护，并且进行深入的研究的。

保护方言与推广普通话并不对立。温州是南戏的起源地，原起于温州地方小戏，当年为走出温州，南戏以及今天的瓯剧就都是采用浙江官话演出的，但都穿插着不少方言成分，从《张协状元》《琵琶记》中都可见到。语言学界老前辈王力先生当年担任国语推行委员会委员时，提了八字口号："提倡国语，拥护方言"，我们今天也同样要"推广普通话，保护好方言"。

谱牒的学术价值与温州郑氏的来源

在世界四大文明古国里,只有中国有着几千年不间断记载的历史记录,中华文明非常重视历史记载,这样人民方才能够追远思源,更好地了解先人的源流,积累继承先人的经验。我们的历史记载是非常全面、巨细皆记的:国有国史,家有家史,地方山河有方志书录,制度事业有书志会要,姓氏有族谱宗牒,个人有纪传年谱,形成了一个举世无双的完整系统。

谱牒是历史体系中不可或缺的一部分,它不是有些人所贬损的封建残滓,而是民族历史记录最原始的源头之一,其传统非常古远。从没有文字的民族来看,他们的族内老人和巫师的一个重要职责,就是给后代青年背诵、咏唱祖歌和世系。这方面的丰富记录曾给我国学术发展提供了难得的启机和实证。国学大师王国维先生即是依凭殷商甲骨卜辞先王先公祭谱创立考据历史的"二重证据法";罗常培先生则根据几个兄弟民族的族谱和口头背诵的世系,用几篇论文研究了《藏缅族的父子连名制》。东瓯国史研究者依《武林顾氏家乘》(以勾践支裔汉封顾余侯为顾氏祖)和《海宁顾氏谱》所记东瓯越王世系,在东瓯王驺摇前补出其父安朱一代。由于宋人郑樵《通志·氏族略二》顾氏下已引《顾氏谱》"越王勾践七代孙闽君摇,汉封东瓯摇,别封其子为顾余侯,汉初居会稽,亦为顾氏",所以就比较可信。《六书故》作者戴侗是温州方言最早的记录者,书目或云为元人或云为宋人,因生卒年不明难以论断,而永嘉《合溪菰田明文戴氏宗谱》就记载了他的生卒是公元1200—1285年,是宋淳元年(1241年)的进士,其仕宦著作都在宋代,入元已年过八十,未几年就亡故了,可说他是宋人或"宋遗民"。新出《清华大学藏战国竹简》中《楚居》集录了自季连至楚悼王23位楚公、楚王的居处与迁徙,跟《世本·居篇》类似,其世系对《史记·楚世家》所记即有重大的对勘作用。

王国维《古史新证》中说:"《史记》所述商一代世系,以卜辞证之,虽不免小有舛驳,而大致不误,可知《史记》所据之《世本》全为实录。"这使他总结出:"吾辈生于今日,幸于纸上之材料外,更得地下之新材料……据以补正纸上之材料,亦得证明古书之部分全为实录。……此二重证据法,惟在今日始得为之。"并说:"由殷周世系之确实,因之推想夏后氏世系之确实,此又当然之事也。"

夏代虽无地下文献,但世系既然可靠,且其中已出现以天干为名之王,足以代表夏代语言遗留,故笔者即从研究夏后世系中的王名和干支的结构与语源,写出了《夏语探索》。

这些事实都显示出谱系材料具有珍贵的学术价值。

就郑姓来说,原起源于郑国。早在公元前806年,周宣王封幼弟姬友于郑(今陕西华县东)地,史称郑桓公。后郑武公护送周平王东迁,乃徙河南,都于新郑,成为东周春秋时期的重要国家,《诗经·国风》收有郑风21首。及韩灭郑,子孙以国为氏,分派为荥阳、彭城、安陆、寿春、东阳5望,而以荥阳为主。

五胡乱华,中原人民纷纷南迁,据《闽中记》:"永嘉之乱,中原士族'林、黄、陈、郑'四姓人首先入闽。"闽谚也流传:"陈林半天下,黄郑排满街",说明郑姓是最早开发福建的四大姓之一。

从温州数十家族谱和众多宋代墓志看来,五代时闽乱,闽人又大量北迁温州地区。他们大多申明,本姓来自长溪赤岸。温州的历史名人其实很多是北迁闽人的后裔,如宋代薛季宣、陈傅良、周浮沚、戴侗,明代张璁、王叔杲,清代孙诒让等祖上都是从赤岸来的。我郑氏也是闽迁。据《乐清象山郑氏旧谱》载,当时五六公名郑元礼(参阅文末笔者注),系晚唐著名诗人恩州刺史郑良士公之第六子,原籍闽地福州长乐县赤岸,于五代后晋天福四年(939年)兄弟四人浮海至瓯,分居四处,五六公一派卜居乐清凤岙,传至元明之际,肇六公名宗元字国瑞(1340—1398)又转迁至象山。

按,郑良士系闽人,《全唐诗》第11函第3册收诗3首,《游九鲤湖》有"我来不乞邯郸梦,取醉聊乘郑国风"句。那么温州郑氏或许是这位闽地诗人的后裔。

今温州市龙湾区由唐至清的"永嘉场"(盐场)、民国"永强区"发展而来(方言"场强"谐音),其中心是永中镇寺前街,那是古刹乾元寺前的街道。寺之前后居有众多郑姓人,原是从乐清象山分迁来的。始迁祖为肇六公第五子郑文甯之第三子起会公[生于明洪熙年间(1425年),父为乐邑庠生]。谱载公于正统壬戌年(1442年)十八岁入永嘉县庠,则当时应已迁永强寺后;后二年产子,则当入庠后成婚。前谱《新序》曾谓起会公于"洪熙年间徙迁永强寺后",但正谱乃谓公亲游永场(永强原名)寺后,喜其山水之美而卜居,而谱记公即生于洪熙乙巳二月,按洪熙仅乙巳一年,时公方一岁,不可能有择居之事,则择居迁永当为正统间入庠之前事。在我们使用族谱时,对谱内事实也要进行考核,消除矛盾之处。

起会公被奉为寺后始迁之祖,至今也历五百余年,郑姓已发展成为永强"寺前街"的一个大姓。而郑氏谱也是闽人实瓯大迁移的明证之一。(从周氏等谱还可知道历史上还有过另一次闽温大迁徙,那是南宋乾道二年八月十六日温州遭遇了台风、海啸,洪潮倒灌,大灾后人口锐减,"奉命徙福民实其郡"。)

笔者自注:迁温的五六公系排行,这是最确定的。其名字,父祖则据不同谱牒有三说,其名有遘,其字元礼或元澧,是晚唐丞相郑畋之裔孙,或后唐丞相郑珏(他亦是晚唐丞相郑綮诸孙,綮即创著名诙谐诗体"歇后郑五"者)之子,或诗人刺史郑良士之子等,但动辄说是丞相之后,也有攀龙附凤之嫌。照称呼通用排行来说,也许说可能就是农家更为踏实些吧。

"吉利"释源

过新年,亲朋见面道贺,喜欢互相说一声"新年吉祥"或"新春大吉大利"。

查《说文解字》:"吉,善也,从士口。"但怎么"士"开口就是好,还一定吉利呢?教人不太容易理解。

看甲骨文,"吉"字上部的"士",并非"推十合一",原形是"△"下加"豆"的脚,像豆(高脚食器)盛食满而尖顶,那么当是供食敬奉于上之象。其意当指供食于神灵,祭拜后纳福食于口,则能得到神灵福佑,自是吉利之象。这合于古人的心理,分福食是旧时贵贱都盛行的习俗。(拙著《上古音系》古音字表凡不从《说文解字》处,有的不仅标音也附注另解,大概有二三百处。)

甲骨文"吉"(《甲骨文字典》铁 159.1)

"吉"字古音*kid,这对当藏文 s kjid-pa,正表幸福快乐、吉利。缅文 kinh 则表吉日、良辰。

"利"字,《说文解字》:"銛也。从刀,和然后利,从刀和省。

《周易》曰:'利者,义之和也。'"从"和"省,迂曲难通。若直作禾看,割"禾"却不能会意刀锋利(如作斫"木"还差不多)。其实割禾可表辛劳种植终于收成获得利益。《墨子·经上》:"利,所得而喜也。"《诗·小雅·大田》:"彼有不获稚,此有不敛穧,彼有遗秉,此有滞穗,伊寡妇之利。"(这里连利在内有5个从禾的字),则获禾即种植者之利,此当即利之本义。"利"古音*rids,缅文 rit 正表割禾。

所以祝愿"吉利",是希望幸福又获利,就如《周易》坤六五"元吉",乾卦"元亨利贞"(利于贞问也即是吉),真是大吉大利啊!

禁忌语的理据

厦门大学教授易中天受邀在央视百家讲坛诙谐讲史,颇受观众欢迎。他在品评历史外也涉足方言,也以同样手法,写了《大话方言》(上海文化出版社 2006 年出版),就像一些方言相声那样吸引人们对方言的兴趣,起了普及方言知识的积极作用。

不过《大话方言》一书也像张爱玲那样,有些承袭旧说解释俗语理据的,无意间就为扩散一些俗语源学的妄说张目,需要提醒一句。

拿其中说禁忌语的一些例子来说。

> 温州人避"折(本)",故同音的'舌'也避忌,猪舌叫"猪口赚"。

按温州话实际叫"猪口近","近[dzaŋ]"表得利,是《易经》

"近利市三倍"的歇后,而"赚"温州音[dza],表错误,来自《说文解字·新附》伫陷切"赚:重买也;错也",或《广雅》"卖也,一曰市物失实"。两者音义有巨大的差异。有人把赚代近字用,那是借官话来训读,不是方言。

> 上海话忌说卵,北京话忌说蛋,所以鸡蛋叫鸡子儿,鸡蛋汤叫木樨汤。

实际北京也是避忌说卵才改说蛋的(宋戴侗《六书故》十六"卵,鲁管切,象人阴核"),开始是取形似睾丸的弹丸的"弹"来写,后来才借用蛋族(蜑)的"蛋"来写。宋周密《齐东野语·文庄公滑稽》"凫弹数十"指鸭蛋。元代朝鲜的《朴通事》既写"鸽子弹",又写"鸡鴠"。到说"蛋"普及了,才进一层避忌起"蛋"来的。

> 最毒是骂"王八蛋"。"王八就是忘八,意思是'孝悌忠信礼义廉耻'八字皆忘,至少也是忘了第八个字。最典型的王八是那些让老婆当妓女,自己坐在旁边数钱的男人。这种人也叫乌龟,因为乌龟在俗话中也叫王

八。其实王八不是乌龟,而是鳖。""王八已不是东西,'乌龟王八蛋'还能是玩意吗?"

按元施惠《幽闺记》已骂"老忘八",以上对忘八的说法也见旧辞书引明清人著作《七修类稿》《陔余丛考》《通俗编》等,但纯属望文生义。因为这是娼妓业本身的切口语,直至民国时的吴汉痴《切口语大词典》仍记北京八大胡同妓院称掌班领家为"王八",并释掌班的为"开窑子之'主人翁'也"。试想妓院切口里哪有自己骂自己主人"无耻"的。其实只是取"主人"与"王八"两字字形相似而造的隐语。犹如店主切口为"点王",这王字形与"主"只差一点,与"忘"不过近代语音碰巧相同而已,意义上没有半点关系。又由于古代规定妓乐人裹绿巾,因此曾先后用绿头的鸭子、乌龟影射这类人(《水浒传》郓哥骂武大就还用鸭),才把这个王八称呼移到动物身上去。(忌龟更晚些,唐人还喜爱取龟龄、龟年为名字,白居易弟行简的儿子小名就叫阿龟[大名龟郎],白居易还形之于《弄龟罗》诗:"有侄始六岁,字之为阿龟。")不能倒果为因。

店家忌关门(破产倒闭),于是吴语便把晚上关门暂停营业叫作"打烊",烊的意思是熔化金属。店家白天收的都是碎银子,晚上得把它们熔化了铸成大元宝,当然要打烊了。

这说法也似是而非,小买卖多用铜钱,有几家能有把银子熔成大元宝的需求与能力,怎么使得各商店每天关店都叫打烊呢?这是不明白当时切口语开店都叫"朝阳",才引起关店叫"打阳"的。至于写成打烊,那是写的同音字。

二百五为什么是"十三点"呢?有人说是因为"痴"字十三画。

按:这用的是简化字,如果真的起源于"癡",应是"十九画",而不是十三点,也不能叫十九点(字中只5个点)。我曾听人说,这13点是指比时钟12点多了一点,说明脑子不正常。更听得自家长辈说,旧时牌九过五关游戏,满14点就过关,13点正好差一点,于是影射脑子差一点。这个理据听起来更有力。13点是只差一点,比二百五是半吊子的一半,也要轻多了。

朝韩语朴姓不读"Piáo"

在朝鲜、韩国,"朴"是个大姓,韩国前总统朴正熙之女朴槿惠当选总统,说唱歌手"鸟叔"朴载相以《江南 style》扬名全世界,更是令朴姓老是占据新闻报道热点。因中国朴姓读如瓢,所以报道中也总读之如瓢。但这与其本国读法不合,朝韩语此姓读粕 pak,并不读瓢 pio。

据郑樵《通志略·夷狄大姓》:"朴氏:亦作樸(今简化成"朴"),普木切。《后汉书》:巴郡蛮酋七姓'罗、朴、督、鄂、度、夕、龚'。"则汉语本也读"樸"。今读如瓢是据《集韵》披尤切"朴,夷姓也,魏有巴夷王朴胡"。又再变读阳平,但这是个巴蜀西南夷的姓氏,跟东北朝鲜族没有一点关系。

中国史学有个好传统,就是人名地名都依本族读法记录原音,这叫"名从主人"法则。比如《左传春秋·昭公元年》:"晋师败狄于大卤",《穀梁传》:"中国名'大原',夷狄曰'大卤',号从中国,名从主人。""大卤"古音 dal-raa,正是古突厥语大草原

darlaa的译音。"会稽"读如会计也正符合古泰文khood-kri（峰-矛）。巴蜀的"朴"姓有特殊读法，也是名从主人。但用到朝韩语去，却是违反"名从主人"的法则的。

古传最早的汉朝语通译读本有《老乞大》（=老契丹）、《朴通事》。《朴通事》现存最早版本为1517年的《翻译朴通事》，题目中的"朴"所注谚文左列文读phav入，右列俗读pho（比较同韵"乐"左lav，右lo），这符合入声变化而与宵、尤韵字无关。（但后来1677年的《朴通事谚解》右音已经改piao，大概清代受读瓢派影响才改的。）

据现在朝韩朴姓读法及《翻译朴通事》的读法，我们可以肯定朴读瓢是不合"名从主人"法则的，应改读入声才是。但汉语入声"朴"现在可读pu上（朴实=樸）、po去（朴树、厚朴、朴硝）、po平（朴刀），依《朴通事》及《四声通解》，"朴"属江阳入声药韵，不是东入声屋韵，所以读po去（粕）比较合适。到底哪个音合适，希望听到朝鲜语与韩语读者的意见。

《诗·邶风》"日居月诸"助词为何声母不同？

《诗经·邶风》下的《柏舟》《日月》两篇诗里，5次出现"日居月诸"，把毛传所解相当"日乎月乎"的助词"乎"说成不同声母的"居"和"诸"。

《广韵》"日"列质韵，"月"列月韵，都收-t尾，上古分读日为质部、月为月部也都收-t，高本汉、王力、李方桂、斯塔罗斯金、白一平的上古音拟音系统都是这样。既然两字韵尾自古一样，就没有什么条件影响后面的助词语音变化，这就不能解释为何《诗经·邶风》要把"日乎月乎"说成不同声母。

黄典诚先生为了解释这一问题，在《集韵》职韵找到据李舟《切韵》而见于《说文解字》记录的"日"字又读"而力切"，说"日"依此读收-g尾与助词乎 a 结合正为"居"，相对"月"收-d尾与 a 结合正为"诸"（《诗经通译新诠》，华东师大出版社1992/1996）。

黄先生的解释是恰当、合适的。

可是"日"字若《诗经》真读"而力切"，那就是职部字。则又与其他各诗如《定之方中》《伯兮》《大车》《扬之水》《杕杜》等诗里"日"字都与质部字押韵不合了,这又是一个矛盾。

惟郑张上古拟音系统,质部是分 id、ig 两类的。依据谐声上质部的质韵屑韵字有一部分可与职韵锡韵同声符,如節(节)从"即"声,血与洫谐,乙与肊谐,必从弋声,曀从壹声,鷿从陛声,实通寔,日异读而力切,溢为益转注字等现象,把这类字从质部分立为质2(节部)ig。此类字至上古后期,锐元音 i 影响韵尾从 g 变 d,才混入-d 尾。这样,就能从系统上正常解释以上问题:日的-g 尾连 a 近似"居"ka,月的-d 尾连 a 近似"诸"tja,并且由《诗经》此例也正可证明我们的设想是正确的。

自 1981 年的《汉语上古音系表解》至 2003 年的《上古音系》,郑张系统都是把"脂质真"分为收舌、收喉两类的。这不但有谐声的需要,在汉藏语比较上也有需要,比如"铁"繁体是"鐵",从呈声收-ng,藏文 ltjags,错那门巴 lek,泰文 hlek、龙州壮语 lik,都收 g/k 尾。铁自然从汉语输出(殷代已出土镶铁刃兵器),这些语例说明输出时必是 g 尾。"田"勉瑶 liing,藏文 zjing、田猎 lings;薪,藏文对木 sing,臣,藏文对仆 ging,年,错那对 ning,也都是收-ng 不收 n 的,说明它们收 n 是后期后起的。浪速语常在其他汉藏语单元音字后多加-k 尾,"妣 phjik、屎

khjik、死 sxik（x 标示读舌叶［ʃ］）"等对脂部分类也有参考意义。

王力、董同龢先生主张脂微分部自然是对的，不过如果单凭押韵，脂微合韵相当多，合部也是可以的。但是脂部既包含了收喉-ø、收舌-l（后期-j）两类收尾，那与微部（只收-l＞j）当然不能合部了。

"啊?"的全球相似

《参考消息》曾发了一条《"啊?"为何全球通用》的消息,说据荷兰一家心理语言学研究所丁厄曼斯等三位研究人员共同进行的一项大型跨语言研究的成果:当人们没听清别人说的话时,他们会说"啊?"。这个词似乎全球通用,它在全世界的各种语言中的形式与功用都非常相似。

丁厄曼斯等对这个词的具体语境做了研究,说在交流中有时无法适当回应时,需要一种迅速表明交流出现问题的信号,它必须很简洁,很容易说,还必须表疑问,让对方明白必须马上再说一遍。这些功能性要求在各语言基本一致,从而或许导致口语以相同方式来解决。

各语言这个词虽然相似,但还是具有形式上的细微不同,需要学习才能掌握。例如汉语"啊?",老挝语 A? 西班牙语 E? 是单元音,英语 huh? 荷兰语 he? 前面却有 h。

其实汉语方言也是有这样的差别的。温州话中这个词就说 ha̱³⁴，a前面有个喉浊擦音（ẖ表国际音标的弯头 ɦ，这是采用金鹏先生在《藏语拉萨日喀则昌都话的比较研究》一书中的转写法），读如"辖"浊上，因此有人不写"啊?"而写"嗐"，如说"嗐?你讲何样?"。

在吴语中，也有人把 ẖ 处理为零声母浊调，那么也可以把它跟那些没有浊母的地方方言一样，写成 a 阳上，就也可以写成"啊?"了。

"汉"字的上古音读法

在汉代，中国国家统一、文明发达，国势强盛、声名远扬，因而其主体民族被其他民族称为"汉人"，以迄于今称为"汉族"。于是"汉"也用来表示汉族相关文化，如"汉语、汉字、汉文、汉音、汉姓、汉服"等，甚至还用它来代替人（男人），造出诸如"汉子、老汉、大汉、壮汉、好汉、莽汉、懒汉"等词来。

从东汉翻译梵文的 arhan 或于阗文的 arahan 为"阿罗汉"来看，汉朝时期"汉"就读 han，似乎古今未变。但先秦却不是如此。

汉朝以"汉"为国号是从刘邦封于汉中为汉王来的，本源于水名：汉水，今称汉江，是长江最长的支流。在《书·禹贡》《诗·汉广》里虽已都提到它，但不知最初的写法，今所见先秦实物是楚怀王六年（公元前 323 年）的"鄂君启铜舟节"有"自鄂往，逾湖，上汉……，逾汉，庚汪"。铜节中的"汉"都写作"灘"。这和《说文解字》解释"漢"为"漾也。从水，難省声"相合，原来，

"汉(漢)"字是省了"隹"而来的,不省就该作"灘",跟河滩的滩(灘)同形。《史记·历书》的"涒灘",《史记索隐》《史记集解》都指出"灘"又作"漢"。可见"漢"古体本来写作"灘"。汉代才分化成"灘""漢"俩字。

"漢"是"難"声字,本作"灘",都是舌音,那么原先应不读han。但如果依王力先生的上古拟音,标作"難 * nan、灘 * than、漢 * xan",三字读法跟今音一样,声母不同,其谐声关系就不容易解释。若依李方桂先生的上古音系统,"難 * nan、灘 * hnan、漢 * han",解决了"難灘"谐声关系,而至关重要的"漢"还是不好说。笔者在《上古音系》中分别拟为"難 * naan、灘 * nhaan、漢 * hnaan"以解决此难题。其中nh表清n送气,后世变透母th;hn表示带冠音的清n即h-n,后世变晓母h。所以上古时"汉"应读 * h-naan-s(其中aa表长a,而-s尾表示去声)。

漢从"難"声nan,"難",《说文解字》作鶼字的别体,"堇"声读作难也说不通,所以朱骏声《说文通训定声》改为"暵"省声hnan,很对。《广韵》去声呼旰切"漢"组有"暵、熯(又人善切njan)、灘",奴案切有嘽,皆表烫干的意思,都是同源词,"暵"象日晒土"堇"之形。"攤灘"都有透母、泥母两读,则可见拟声干为n是对的。

"漢"既然原作"灘",从難得声,而《广韵》去声奴案切有"灘,水奔",《集韵》乃旦切作"水奔流貌"。汉水最初可能就由突破险阻全力奔流貌而得名。这和汉族一直赞赏奔流前进、勇于进取的精神也相符合。古人欣赏喜爱汉水,所以还把夜晚举首即见的银河,称为"银汉、天汉、霄汉、云汉"。

龙字古音

李小龙的英文名叫布鲁斯·李(Bruce Lee),很有趣、很凑巧的是,Bruce无意间很接近"龙"的古音。

虽然"龙"字后世汉语只读l声母了,但在最亲的兄弟语藏文中,"龙"却是说作 h̲brug 的,这是"龙"更古的说法,那跟 Bruce 可是很像的啦。

从"龙"藏文声母 h̲br-来看,表明汉语原来可能也是复辅音声母,而且,以龙为声符的"庞",那是二等字,上古音就正应读 *broong,那么"龙"本来很可能读 *h̲brong。

我说过一条演变规则,带 r 复声母,前面无 h̲ 就保留声干,前面带 h̲ 头,就浊化声干使之弱化消失,所以"禀、廪"正对藏文 birm、h̲brim(分配)。汉语就一保留帮 p 声母,一不保留而读"来 r"声母。

这样的例子还可看"筆(笔)"prud,其缓读式是"不律"p-rud。它还有一个带 h̲ 头的形式,h̲prud,它变 rud 又变楚语 lud,

《说文解字》写作"聿,所以书也,楚谓之聿"。

"笔"的本源就是毛刷,景颇语"毛刷"还说 prut,跟汉语"笔"的上古音很像。凑巧得很,它跟英语 brush 毛刷也很像,那是借自法语 broisse,源于古法语 broce,更早是否与我们的"笔"有关,还待进一步研究。但这些比较可以帮助说明,复辅音 br-并不神秘。

依此"龙"的上古音形式可能是 *hbrong,它是三等字,所以其中 o 是短音。依语音演变规则,短元音到中古《切韵》,都会增生腭介音,所以《中原音韵》与京剧的中州韵"龙"总是读 liong,不同于一等"笼聋"long,这是汴洛标准音的典型读法,至今汴洛方言仍然如此。

蛇年说蛇的古读

生肖即十二属相之说,清赵翼《陔余丛考》卷三十四,从《拾遗记》《论衡》等书所引,此说应起于后汉,"更推之汉以前,则未有言及者。窃意此本起于北俗,至汉时呼韩邪款塞入居五原,与齐民相杂,遂流传入中国耳"。此说经《辞海》"十二生肖"条引释,更是广为流传。由于当时文献所限,这应是那个时代最好的解释。

但从《秦简·日书》出土,说明秦代历日已经有了十二生肖,这种说法已经不攻自破了。

东汉许慎《说文解字》已说"巳为蛇象形"。这合于十二属相,但不合古文字,许慎自己又说"巳"实际是"包(胞)"中胎儿的象形。《说文解字》:"包。象人怀妊,巳在中象子未成形也。"这符合甲骨文"巳子"同字的实际。

蛇的初文则是"它",《说文》:"它:虫也。从虫而长。象冤曲垂尾形。上古草居患它,故相问'无它乎?'"后来多数地方说成浊音,又加虫旁转注分化出"蛇"字来。

现在,它 tɑ、蛇 she 声韵调没有一点相同,中古"它"在歌韵讬何切 thɑ,"蛇"在麻3韵食遮切 zjia,语音差别也还不小。到上古高本汉拟音 *t'ɑ、*dj'ia,李方桂拟音 *thar, *djar,仿佛归于清浊变化,才相近了些。依郑张拟音,它 *lhaal,蛇 *hljaal(注意汉代变 *thaai、浊 *hjaai),才揭开它们有共同词根 lal(委蛇的蛇读此音,汉代 l 声母变舌面边音,向 jai 发展,中古才入支韵弋支切)。

依照此 lal 词根,它与南岛印尼语 ular、台湾耶眉语 vulaj 更接近(南岛词根在末音节),与黎语 lha、za、越南京语 rǎn 也不远。藏语 sbrul,缅语 mrwei,怒苏 rui,毛难语 zuui,水语 hui,则元音都变合口,反而出现了某种变化方向的距离(可能起于 b、m、v 这类唇化前冠的影响,参错那门巴 bree 尚读开口,嘉戎同)。

至于许伟切的"虫",后又加兀声转注写"虺",原读 *hŋul',此即壮傣语的 ŋu,白语塞化变 khv(3)。

生肖起源于北方民族的传说也有根据。喀喇汗王朝的《突厥语大词典》"虎年"bars 条记了他们的传说:一位可汗决定为纪年取名,下令赶动物过伊丽河,"其中有十二种泅水过了河,于是便用这十二种动物的名字当作十二个年的名称"。其过河的先后顺序就是:鼠、牛、虎、兔、鳄鱼、蛇、马、羊、猴、鸡、狗、猪。作者还说他们是在回历466年(公历1074年,宋神宗熙宁七年)正月编这部辞书的,时间正是"蛇年 yilan-yilj"(按蛇年合当是公元1077年,熙宁十年,应为丁巳才是)。有趣的是"蛇"和"年"同用了 yil 根。虽然,突厥语中蛇 yilan 的 lan 跟汉语的 lal 也像,由于难断它是否为词根,我们暂时未把它纳入比较。

吐蕃的"蕃"究竟怎么念?

近来,由于高考题目中涉及了"吐蕃"的读音,使这一争议许久的问题又热了起来。吐蕃到底怎么读,必须根据唐音来定,我的意见是只能读 Tǔfán,读 Tǔbō 是站不住脚的。我曾在《中国语文》上发表《古译名勘原辨讹五例》(2006 年 6 期)一文,其中专门写了关于吐蕃的读音问题,兹转抄如下(**有改动**):

> 藏族来自古代西羌的一支。据《后汉书·西羌传》,河关之西南为羌地,"滨于赐支,至乎河首,绵地千里。赐支者《禹贡》所谓析支者也"。英国汉学家 F. 托马斯(F. Thomas)说"赐支/析支"即古藏文文献中 Skji 国的译音。汉和帝永元十三年居于赐支河曲的烧当羌的米唐被打败后,"远逾赐支河首,依发羌居","发羌、唐旄等绝远,未尝往来",则发羌所处,正远在河源之南,"发"古音 *pad 又与藏人自称 bod 接近,很可能是其译音。这一支发展到唐

时，其中的雅隆部吞并相邻各部建立了强有力的吐蕃王朝。"吐蕃"原语是藏文什么词呢？有人认为是"大蕃"转音。查看公元823年所建《唐蕃舅甥会盟碑》（简称《唐蕃会盟碑》），碑上藏文"大唐"对译为 Rgja-thjen-po，"大蕃"对为 Bod-thjen-po（用笔者的藏文转写法，下同）。明显 rgja 并不是当时"唐"[dang]字的译音，可能沿从古称"夏"来；而 bod 跟当时"蕃"字之音[buɐn]虽然声母相同，但韵母一为塞尾促声字，一为鼻尾平声字，也大不一样，因而不能说就对"蕃"字，很可能也是对的古称"发"。又要注意，形容词"大"依藏语语序都是后置于中心词，没有"大 Bod"这样的说法。

把"吐蕃"读作"吐播"，任乃强先生1933年写《西康图经》时就提出来了，1943年又在《吐蕃音义考》中予以强调，依据是"番原读若婆"，可对译 bod，并提出吐蕃是"大蕃"转音（引张逸僧，说唐恶其称大蕃，故意据"大可读如杜"而写作吐，示其贬意），其说番读婆，大读杜，也都是推想古音方言，并无当时的韵书依据。文章载在《康导月刊》，见者也不多。最有影响的当是牙含章先生《关于"吐蕃、朵甘、乌斯藏"和"西藏"的语源考证》（《民族研究》1980

年4期)一文。他说根据沈兼士《广韵声系》(1985:407—408),番、蕃二字,有"补过切""孚袁切"两读,认为唐时"蕃"就是依补过切读作"播"的,说这可从《唐蕃会盟碑》中"蕃"藏文作 bod 得到证实。此文引韵书为据,言之凿凿,影响到后来词典都采用 tubo 作为吐蕃的读音了。不过我们查对《广韵声系》该处,发现"蕃"实际只有"附袁切、甫烦切"两读,而"番"有"博禾切、补过切、普官切、孚袁切、附袁切"五读。牙先生所引两读都是"番"的读法,并非"蕃"的读法(虽然"番蕃"某些场合可通假,但"吐蕃"从来不写成"吐番")。因此,说"蕃"唐时可读如"播",并无确切根据,这在《广韵》《集韵》各韵书中都是一样的。

但最近有谢仁友先生《"吐蕃"音辨》(《中国语文》2003年6期)一文中又说应劭在《汉书集解音义》中给鲁国蕃县的"蕃"注直音为"蕃音皮",《史记·太史公自序》作鄱,鄱有婆音,音皮相当于音婆。所以认为任、牙先生等认为蕃读 bo 是有根据的,并说"番"声字只见于果山两摄,《集韵》列"蕃鄱"于支韵音"皮"是误列。文章还列出支持吐蕃读"吐播"的学者7人以上,而读"吐番"的只伯希和、祁振纲、张济川3位,显示吐蕃读 tubo 是目前大占优势的说法,好像已成为公认的定论了。此外,《民族词典》(陈永龄主编,上海辞书出版社,1987)"吐蕃"条释文:"原为唐人据吐蕃自称'大蕃'而对这一政权的称呼(吐,汉语'大'字之唐音;蕃,藏族自称)。"也是接受任先生的说法的。

纵使我们承认"蕃"因通"番"而可读"播",因通"鄱"而可读"婆",但它们还是不能对 bod 的。原因是:尽管我们也觉得藏人现在还自称"播巴"的说法的确很诱人,只可惜这些说法中的"播婆"读 o 韵都是立足于今音的,根本不合唐音,不能用来解释唐代"吐蕃"的对音。

依据汉语语音史,歌(戈)韵的历史语音演变过程是:aI＞ai＞æ＞a＞ɑ＞ɔ＞o,也可简化为四段:先秦 aI——汉 ai——魏至宋 a——元以后 o。(汉以前元音分长短,歌部的长 a:i 变中古歌韵,短 ai 变中古支韵,所以"婆皮"在汉以前读音相近,同部而只有长短差别。说歌韵字误列支韵那是不了解语音史,要知"婆皮"俩字就是既同谐声又同歌部的,不能说皮字是误列。可参看拙著《上古音系》,上海教育出版社,2003)从汉末至宋的千余年中,歌韵一直都在上述的低元音段的变化范围内,到元代以后才向 o 走。所以唐代音里歌戈韵字只能读 ɑ 韵母。当时"补过切"的"番播"都是要念 pa 音的(比较:罗常培《唐五代西北方音》"波"藏文注 pa,《唐蕃会盟碑》立盟官员里头,蕃官有三人名字中有"波"字都对译 pa,唐官中书侍郎王播的"播"注 pha),这音跟 bod 可相差远了,并不如牙先生所说是 bod 的"很准确的译音"。bod 是促尾字,唐人想译 bod,也只会用"勃"而不会用"播"的,如果只译 bo,也只会用"部"字而不可能用"播"(《唐蕃会盟碑》中户部、礼部的"部"皆对译为 bo)。元以后歌戈变 o,所以才出现元代王磐以"土波人、土波国"指西藏,明代《西番译语》用"播"对译 bod,和今藏人自称听起来像"播巴"的现象,这些都是符合语音史分段的现象,不能越段推前,用来做唐代吐蕃读法的佐证。用后世音 bo 来比附一千多年前的历史名称,而不理会其间历史音韵的分段变化,那是很不科学的。

元代胡三省《通鉴音注》注吐蕃:"吐,从暾入声;蕃,甫袁切。唐音读'大'为'土',吐蕃意为大蕃。"任乃强《〈吐蕃传〉地名考释》(1982)又进一步说了蕃音皮读如婆对译 bod 的 bo,吐蕃从其自称"大蕃"读别的主张,说唐代关中"大"音代(他盖切)、音堕(吐卧切),后者与杜字音近,今吴语尚呼"大少"作"杜少"音。这两者应是《民族词典》说"吐"为汉语"大"字之唐音的根据。然而,这和真正的唐音并无关系(任先生文章所列反切大抵是从《康熙字典》所列几读中选抄的,所以连所注直音也不配合)。依前述唐代歌戈韵读音,我们查对了《广韵声系》,"大"字有"徒盖切"dɑi、"唐佐切"dɑ,《集韵》加"他佐切"thɑ(按:并非音吐卧切唾thuɑ或徒卧切惰duɑ)。这些音同样跟当时的"土"thuo、"杜"duo音差得很远。再看在《唐蕃会盟碑》中"大夫、大将军"中的大音da'i,"大食"中的"大"音ta,而"杜"音do,"土"译lho;在《唐五代西北方音》中"杜do、土tho/thuo"而"堕dwa",这些音都明显不支持胡、任两位的主张。要为"吐蕃"说音,如果通不过《唐蕃会盟碑》《唐五代西北方音》藏文注音的检验,就没有什么价值了。

在讨论"吐蕃"原语为何时,当然先要确定两字在唐代的读法。当时"吐"是姥韵"他鲁切",唐音[thuo]上声,而"蕃",妥当点要先承认其正读是元韵"附袁切",唐音[bʉɐn]平声。按贾岛《寄沧州李尚书》诗:"青冢骄回鹘,萧关陷吐蕃。"其诗以"喧、蕃、冤、言"相叶,皆元韵字,这已证实唐人"吐蕃"就是读元韵平声的。王建《朝天词》:"五关犹隔吐蕃旗",白居易《缚戎人》:"汉心汉语吐蕃身",这两例中依平仄律"吐蕃"也都读仄平。宋史炤《通鉴释文》注"方烦切"与胡三省《通鉴音注》注"甫袁切",虽皆注读清母阴平,但他们不过依傍汉语通称边裔各族为蕃,按《周礼》"九州之外,谓之蕃国"的惯例来注的。那通称来源于屏藩,乃是"藩"的通读字,其实跟这里专作一族的译名本就不该混同,如若把《周礼》的"蕃国"看成跟"吐蕃"同源,那显然是荒唐的。所以还是用"蕃"的常读"附袁切"浊母阳平为是。

"吐蕃"原语的探讨,可由"名从主人"或"从邻称"两个方向来进行。首先自然看藏文方面有无合适的。依[bυɐn]看来,其原语应近于bon。此音在藏文中音义与吐蕃有关的有dbon"甥",bon"苯"两字。

吐蕃之称起于唐太宗时,贞观八年(公元634年)其赞普松赞干布遣使请婚,史书始有记载。贞观十五年(公元641年)文成公主嫁往吐蕃,贞观二十年(公元646年)玄奘《大唐西域记》已记有婆罗吸摩补罗国"东接土蕃国"。吐蕃与唐交际时,称唐为舅zjang,自称甥国dbon,《唐蕃会盟碑》也称舅甥二主会盟,其甥字藏文皆作dbon。在古代西裔各国族,常以能联姻上国,继承其高贵血统为荣,最早的是周季历联姻殷王族任氏,故而越其二兄被立为储君,使子姬昌获得殷外孙身份(参看中华书局 2003 年王晖《古文字与商周史新证》中解季历选立之谜与贵族等级名号传嗣制),晚些的如《宋史·高昌传》记西州回鹘王自称"西州'外生'师子王阿厮兰汉"。《回鹘传》也说"先是唐朝继以公主下嫁,故回鹘世称中朝为舅,中朝每赐答诏亦曰外甥,五代之后皆因之"。未知这些"外甥"是都借汉语音呢或改为回鹘语。《新唐书·吐蕃传》则记了贞观十五年护送文成公主赴吐蕃时曾"筑馆河源王之国",河源郡王是唐对吐谷浑的封号,斯坦因第三次探险劫去的一件吐蕃古文书正记载了此事:"吐蕃松赞干布于狗年娶中国皇帝之女文成公主为妻,吐谷浑王率文武百官和贵妇们迎接文成公主,举行盛大宴会后,文成公主然后再进入到 Dbon 国中。"(见黄盛璋《有关吐谷浑故都——伏俟城的若干历史地理问题》,《历史地理》第 2 辑,上海人民出版社,1982),据托马斯(F.Thomas)、屠次(G.Tucci)等人研究,Dbon 古藏语意为甥,除吐蕃对唐自称为 Dbon 外,他称只见用于吐谷浑。甥国作 Dbon 之音正跟"吐蕃"颇相近,或者即由此翻译是有可能的。敦煌藏汉对照文书中 P.T.1263 卷 bod 对汉文为"特蕃",以此音来对 Dbon 则更为切合。但既然它又可用来称吐谷浑,就还不是最妥当的解释。

"本教"或译"苯教"(苯,《广韵》布忖切:"草丛生也。"与本同音。因"本"有本来义,组词易误会,故下面除引书外,一般就写作"苯"),是藏区固有的本土宗教,吐蕃人在松赞干布信仰佛教之前是笃信苯教的,藏文 bon-po 指苯教、bon-pa 则指藏人,可见藏人除自称 bod-pa"发(博)巴"外,也自称"苯巴",所以在嘉戎语里也叫藏兵作 pon-mek "苯兵"(林向荣《嘉戎语研究》,四川民族出版社,1993,词汇附录第 1090 条)。藏族《本教史·四州之源》就认为远古时西藏并不称"博"bod,而是称"本康"bon-khams(苯区域)。因为《格言宝库》说"在西藏未有王前先有本教,在未有王法前已有本教之法,故此乃称本康"。(《西藏本教源流》,民族出版社,1985)这跟顿群佩《白史》的观点一样,都认为 bod 是从 bon 转换来的,这也就犹如因为印度人笃信婆罗门教,以至"古称印度曰婆罗门地"(《旧唐书·天竺传》)。既然 bon 是藏人的古称,那么"蕃"就很可能是 bon "苯"的对译。

纵使"蕃"能对bon,但前面为何要加"吐"字呢?牙含章先生已否定沙畹等人以"吐"对藏文stod(上部),说吐蕃相当于"上蕃",是一种毫无根据的臆测。看stod其音为促声字,王尧《吐蕃金石录》(文物出版社,1982:128页)中指出西山八国的"咄霸"的"咄"当是stod的古译,所以的确不宜对"吐"。但除去stod外,在藏文中可与"吐thuo"相对,而音义较适合的也还有tho界石、mtho高,是否可以加bon,而表"苯界"(意如"本康"),或"高苯"(高地苯族,一些欧洲学者也用过mtho-Bod)呢,这要请精于古藏语的先生来酌定了。

再看从邻称方面,也有不少论述。清代早期称西藏为"图伯特"是学蒙古人,而蒙古人则学于突厥人。在《突厥语大词典》中吐蕃被写作Tübüt,古突厥碑文作tübüt或tüböt(ü/ö是同一元音的转写问题),公元723年的《阙特勤碑》作tüpüt或tüpöt,依安瓦尔·巴依图尔等《关于"吐蕃"一词的语源考证》(《新疆社会科学》,1982年3期)说它很可能是由突厥语tüp(宗族)加bod组成的,意为"蕃部落""蕃部族"。

L.巴赞、哈密屯的《"吐蕃"名称源流考》(1992)则提出另一主张,说是由突厥语tüpü/tüpä(顶峰、高地)加t作复数形式,用来指称处于世界屋脊的藏区高原。tüpüi/tüpät传入波斯文,又被马可·波罗写成Tebet,传入西方而成为通行的Tibet。其所以在汉语里译为吐蕃,是突厥-蒙语言复数有-n、-t两式,-n更早些并在蒙语族更常用,因为汉人接触吐蕃是先经其北边的吐谷浑为中介的,吐谷浑属鲜卑族蒙古语族,所以就因他们说tüpän而译为"吐蕃"的。查《突厥语大词典》Töpü条解为"丘冈;头顶",确有高冈之意。但是它不也有可能作为前加词素,和bon组合成"吐蕃"吗?

看来本源说和邻源说也可以交汇,以"蕃"对"苯"为基础,则"吐蕃"来自mtho-bon或tüpü-bon也好,都可以指"高地苯",或者来自tho-bon或tüp-bon则指的"苯族区界",哪个是最早的起源,有待对"吐"字的语源再进行综合研究来解决。

但"吐蕃"不读Tǔbō,要读Tǔfán是可以肯定的,而且声调是阳平,这是可以确定的(丁、吕二先生所定旧版《现代汉语词典》原取此音)。

今人口语里的古音

一说古音,一般人会觉得很神秘,遥不可及,其实语言里一些常用词在现代口语里常常还保留着古音,不跟其他同音字一起变,有些词我们天天说的一直就是古音,大家习而不察罢了。

比如现代汉语三身代词就都读的古音:"你"是"尔"的汉魏音或"汝"的唐音,日母字声母还读 n 声母;"他"是歌韵字,读 a 是六朝唐宋音,照理今要读如拖的(歌韵读 a 的还有"阿那大爸_{捕可切}");"我"则是歌韵的元明音,照理今要读俄上声(陕西户县 nge 就由 o 高化到此音)。它们都没有发展到本韵音的终端。

上古音最明显的是鱼模韵读低元音 a,模韵"呼"(呼气)上古读 haa,中古不变就写为歌韵"呵"(苏轼《四时词》之四"呵手"),现在还不变则写作"哈"。《广雅》"呵呵,笑也",那是中古前期的 ha,现在不变也写作"哈哈",两字同音才合并了。"父"字是虞韵(来自鱼韵合口),上古读*ba',中古不变,就写"爸"

（捕可切），宋代《集韵》记了吴音"必驾切"pa，只有声母清化，跟现代汉语"爸"一样，韵母却一直传了三千年还是 a。模韵转麻韵例子非常丰富，这样的例子我举过"怖＞怕、匍＞爬、乌＞鸦、荼＞茶、塗＞搽、挐＞拿"等。

也有的是反过来从麻并歌的，因为两韵中古主元音都属 a，如北京话张各庄之类的，由"家"二等带 r 的 kraa＞ka＞ko，然后 o 变 e，是近代语音 a 进一步高化的结果（这是白读，文读则 kra＞kja 再变 tcia）。

也有入声字 a 元音不高化的，如遗漏或遗忘东西说 la 去声，写"拉"也可写作"落"，其实就是"落"的上古音 raag 中古音 lak，丢了入声塞音尾（拉屎的"拉"读阴平，也来自于"落"字），元音 a 则未变。胳肢的"胳"读 ka，也保留上古 klaag 中古 kaak 的 a 元音。

上古音另一特点是三等没有 i 介音，所以有的保留古音的字，就读洪音了，如"荤"本三等音当读如熏，却一直读如昏，可能是受佛教徒习惯读法影响（虔诚留古一如"南无"读如那摩）。猴子本作"狁"是个三等字 hwu，文读还如尤，口语保留读洪音类似侯，于是《玉篇》《广韵》写成"猴"了。今人五味通常说"酸甜咸苦辣"，有些地区还特别爱吃辣。上古却不说辣而只说辛，

《广韵》才收崂，《篇海类编》才写辣。因五代以来文献才见此词（《本草纲目》还转引了梁陶弘景语'味辣'，待考实），好像这是一个中古后起的新词似的。其实它是一个古音滞留的古词。章炳麟《新方言·释言》："厉，猛也，厉古音同赖、同刺，今人谓从事刚毅猛烈者为辣手，辣之言厉也。"章先生说得很对，辣应即"厉"rads 或"烈"rad 的古音遗留。它们原是三等字，文读产生腭介音就依细音走，白读一直还作洪音，于是就另写成"辣"了，成了另外一个词（注意勉瑶语还说 blaat，比较"糲䊨疒"对藏文 hbras，hb 浊母后来脱落了。"厉糲䊨疒"从"万"得声，表明谐声时期开头原本是有唇音的）。

用汉语拼音试拼上古音

汉字的上古拟音，一般需要用国际音标才能精确表示。缺点是这不利于古音知识的普及，如也能用汉语拼音表示，则有利于一般人对古音的理解，不至于觉得它遥不可及。这样做对理解汉语语音历史变化也会大有好处，讲怎么变今音会很方便。我看如果要求宽松点，不那么严苛，还是可以实现的。下面试列一个方案：

【辅音】（重叠表浊；次浊加 h 表清送气鼻流音）

帮 b　滂 p　並 bb　明 m　抚 mh

端 d　透 t　定 dd（部分定 l'）　泥 n　滩 nh　来 r

宠 rh　以 l　胎 lh

见 g　溪 k　群 gg　疑 ng　哭 ngh

影 '　晓 h　乎 hh　云 gh

精 's　清 c　从 ss　心 s

章 dy　昌 ty　禅 ddy　日 ny（部分见系＋y）

俟 ry　邪 ly　书 hly　船 hhly、ghly

注：-y(腭化)　-w(唇化)

【元音】(汉字为韵部名,重叠表长元音)

脂 i，ii　之 e，ee　幽 u，uu　蒸 ing　蒸 eng　终 ung

鱼 a，aa　支 ei，eei　侯 o，o　阳 ang　耕 eing　东 ong

【后附尾＞声调】

平 不标　上 -'　去 -s　入 -b-d-g

有的字可能有两种拟音,如"子"'sle' 或 'lye'

下以《郑风·丰》为例：

子之丰兮　'lye' dye pong hheei

俟我乎巷兮　rye ngaal' hhaa ggroongs hheei

悔予不送兮　hmee' la' be' slongs hheei

子之昌兮　'lye' dye tyang hheei

俟我乎堂兮　rye ngaal' hhaa ddaang hheei

悔予不将兮　hmee' la' be' 'sang hheei

衣锦褧衣　'lels grem' kwreeing' 'lel

裳锦褧裳　ddyangs grem' kwreeing' ddyang

叔兮伯兮　hleug　hheei　braag　hheei
驾予与行　graals　la'　la　ggraang

裳锦褧裳　ddyangs　grem'　kwreeing'　ddyang
衣锦褧衣　'lels　grem'　kwreeing'　'lel
叔兮伯兮　hleug　hheei　braag　hheei
驾予与归　graals　la'　la　glul

为了音值接近、并且常见，后高元音（音标倒 m）用 e 表示。但这样不免要让前次高元音 e 老加 ^ 帽，为避免这样做，所以使用 ei 来表示它（因为后来的 ei 上古还是 el，汉代才变 ey，所以不会发生冲突）。

拼写初步试用，看起来还是可行的。

陈寅恪的"恪"怎么会读"què"?

古代雅言以洛阳音为标准音,现代普通话以北京音为标准音,但共同语也有吸收方言甚至民族语言的需要,如历史上"茄、椰"的音就是随着物产输入而吸收来的。这不能纯读原音,需要折合为标准语音体系可能接受的读音,如现代汉语的"尴尬、癌"都是从吴语语音折合过来的。

有一个明白无疑的例子,在鲁迅《故乡》这篇小说中,记闰土说的偷瓜吃的动物(一种獾)时,作者造了个"猹"字。(这是造字历史上可明确知道造字者的一例,稍晚于刘复造"她"。)因绍兴话中音同"查",是个浊声母[dzo]的音,现行字典、词典都依"查"折合为chá,可绍兴师专谢德铣1979年写的《鲁迅作品中的绍兴方言注释》却注为zha,这就有了不同的折合。

很多读音纠纷由折合的不同而产生,折合不好的像"碚""匼"旧读有误,丁声树先生考实了正确的读法(参丁声树:《"碚"字音读答问》《说"匼"字音》)。

现在深圳的"圳"读 zhèn，是依据清代钮琇的笔记《觚賸·粤觚上·语字之异》"通水之道为'圳'，音浸"，结合粤音折合来的。(作者是吴人，音其仿佛，否则粤音"浸"收-m 也与"圳"不合。)按此字早就见于宋戴侗《六书故》："甽，按今作圳，田间沟畎也。"指出是甽的后起字。《集韵》朱闰切："甽，沟也"，正与温州永嘉乡间说田间水沟的音义相同，当音合口 zhun。我调查浙、赣、闽、湘及粤北各地，不管指田沟或地名，也都读合口；林语堂《当代汉英词典》中"圳"也是 tzun，那么此字应当折合为 zhun。"深圳"则可名从主人，另立 zhen 音专用（因当地粤语"朒朘"也开合不分可都说朘）。但不应把通行全国的"圳"都折合为开口。原来大概是把它当作广东俗字来定 zhen 音的，既知此字宋代字书已有，几省通用，就要另行好好折合了（详郑张尚芳《圳字字音琐谈》，1980）。

有些冷僻字也有南北音折合问题，"恪"字问题就是一例。

"陈寅恪"的"恪"究竟读 kè 还是读 què，颇受关注，已经有不少文章讨论。还有陈先生熟人指出先生故乡、兄弟、本人都读 kè，而其夫人却坚持读 què 的有趣事实。有人认为 què 是从北京音白读来的。按元明清时期的重要韵书如《蒙古字韵》《洪武正韵》《四声通解》《五方元音》等，"恪"都没有 què 一读，用拉丁字母记北京话的《语言自迩集》，"恪"也只列在159号k'o、k'e下，不见于42号ch'io（"却确悫"等11字），则北京白读音说不确。在音韵上，二等的"客"因腭化作用可以白读qie（注意绝不是合口的que），但一等的"恪"，和"各"字一样，是不可能腭化的。

那么què到底是怎么来的呢？

其实因为"恪"一直读铎韵"苦各切"，与觉韵"苦角切"的"确悫"南方大抵同音ko(k)（吴、湘、赣、客、粤皆同），"恪悫"词义又相似，因而容易相混（写《十经文字通正书》的清朝嘉定人钱坫在其《说文解字斠诠》里就在"悫"下写"今作恪"）。所以南人说官话时容易把"恪"跟着"确悫"读成qio。这是由南方读音北化时的折合错误造成的，乃是因类化而扭曲折合的显例。

实则这个音明代就有了。金尼阁《西儒耳目资·列音韵谱》已经收入，除在第四摄入声"克恶"kǒ（渴滒磕恪）外，又列在第十五摄"克药"kiǒ"壳确悫却"等之末。金氏记录不少文士的音读又音，后来常常变正读，如古尧切的"骁枭"在第三十一摄既列"格腰"kiāo同浇，又列"黑腰"hiāo同枵鸮，后者本粤语常读音，今也已成京音正读了（只可怪江南通行的"浇"的"薄"义也读枵，却没有被吸收）。所以后来此等矫揉过度的读法，在北上的南士口中反而流行。致使旧时中国大辞典编纂处的《国音辞典》在"恪"下收了"1. kè 刻,2. què 确(又读)"两音,予以肯定。这是后来好些字典又读 què 的来源。

实际上,溯其源则后一音原是折合不当,矫揉过度地类化出来的。

低元音 a 的滞留

越古老的语言,低元音 a 越丰富,随着元音出现高化等变化,才逐步少了下来。上古汉语里的单 a,分布于鱼韵、模韵及虞韵、麻韵之半。现代只有麻韵二等还读 a,其他的多数高化变 o→u→y 了。麻韵是因为前带-r 致使元音受阻才不变的;此外鼻尾的 am、an、ang 也属于元音后受阻而不变。"许莽"兼有姥荡两韵异读,三等"无亡、甫方、余阳(我)、胥相、且将、初创、序庠、于往",一等"吾卬、胡吭、洿汪、途唐(路)、徒唐(空)"等例中的前后字古皆本出一源,其前字无尾就高化了,后字至今还读 ang,又"御迓迎"的"迓"字在麻韵也读 a,从不变的阳唐韵和麻韵元音 a,正可证明前字鱼模韵本读 a("迎"读 ngrang,因前 r-后-ng 而避免了后高化,但为避混"阳 ang"又前高化了)。

因此鱼模读 a 成了汉语上古音的语音标志。中古则原来的"歌韵"从 al→ai→a,占据低元音的位置,这同样成了中古音的语音标志。

有的字在高化过程中滞后,到中古还读 a,这就会混入歌或麻韵了。原来"父"是 ba',中古不变所以《广韵》写"爸"读"捕可切",现代再不变,所以爸就入麻韵了。古语"扶疏"至中古不变,就入歌韵写成"婆娑",《世说新语·黜免》:"听(厅)前有一老槐甚扶疏,殷(仲文)因月朔与人在听……叹曰'槐树婆娑,无复生意!'"同样原因,"芦菔"在中古写成"萝蔔"。

变麻韵的如"乌—鸦"、"挐—拿"、"怖—怕"(本澹怕义)、"匍—爬"(本爬搔义)、"塗—搽"、"薂—苊",例子很多。反之也有见系麻韵-ra 字因失 r 而中古滞留 a 韵而入歌韵的,这就是"张家庄、石家庄"的"家"北京为何读 ge 写成"张各庄、石各庄"的来由。

变歌韵的字中要注意有个"虘"。这是个二级声符,从它得声的字不下十个,大多读鱼模麻韵,只有本身和从邑两字以及薲的异读读歌韵"昨何切"。《说文》:"虘,虎不柔不信也,读若鄌县。"指虎又猛又凶,这是老虎野生本性嘛,原来应常说才成了常用声符,可后来汉语不太用了,所以只在常常保留古读的地名中还读 a,因此进入歌韵。但它还有个模韵又读才都切"zaa",而且兄弟语还在用:泰文说 sɯya,指老虎,藏文说 gsa 或 bsa,指雪豹、草豹,都没有汉语古歌韵的 -l 尾。可见原始汉藏语也是没有-l尾的,汉语中古读歌韵是滞古所致。

汉藏语系包括汉白、藏缅、苗瑶、侗台几个语族,主要语言都有大量与鱼模同源的字还读a的,比如基数词"五"ngaa',缅文ngaah,藏文 lnga,独龙 p-nga,勉瑶语 pjal/pal,泰文 hnga'→haa'。有人说这些数词都是借的汉语,那么五字藏文 l-冠,独龙 p-冠,勉瑶 p-声,泰文 h-声又是从哪个汉语借的呢？答不出来就是在乱说胡诌,枉言借词罢了。其实周边兄弟语都比汉语发展慢,因此比汉语保持更多一些原始成分而已。

藏文五 lnga 能与"吾 nga、语 ngag、晤 snga(晨,《说文解字》"明也,"构成平行系列,还有"鱼女武举渠虚侣餘夫父膚(肤)咀如茹舍疋助、苦雇溯纑怖匍呼、罅价华犯"等多例读 a 元音,充分说明汉藏两语的同源关系。可是有人说汉藏两语关系至今还是未经证明的假说猜想,20 世纪早些时候有人这样提,那符合当时的情况,现在还炒这冷饭,就忽视柯蔚南、俞敏、全广镇、施向东、龚煌城等位辛勤研究所举各数百对应语例的成果,郑张各文也对比了七八百例。汉藏同源关系是建立在数百例对应规律上的,有人并没有亲身下力气作比较,却拾人唾余,轻易否定汉藏关系。说否定话很容易,就像那些爱把一切关系词都说成借词的人一样。我说汉藏有一奶同胞关系,是立足于"乳胞育"等词两语同源的基础上的,试问有谁能否认此三词汉藏同源,谁敢说这三词藏语的 nu、phru、rog 是从汉语借的借词?藏语连生养孩子的词都没有,要向汉语借吗?注意汉藏 a、i、u 元音三角对应都很整齐(像"一二四"用前元音 i,"六九"用后元音 u,系统绝不乱)。

合口音辨义分化

有几个汉字本为开口,而特别改读合口,明显是出于辨义分化的动因:

1. 入 rù,依"人执切"本应读 ri,与日相似,但此音语言中变成某种专用词了,反而促使泛用词改读,李荣先生指出,今读 rù 是回避亵词"入娘贼""狗日"的日。

2. 尿 suī,此读来自"息遗切",首见于宋温州戴侗《六书故》,其后《中原音韵》《语言自迩集》也都收了。但此音与"奴弔切"的"尿"音韵远隔,写尿属于训读。其本字另是"私",《左传·襄公十五年》"师慧过宋朝,将私焉"杜注"私,小便也"。私本只读开口"息夷切"si,改读合口"息遗切",显为辨义分化。温州城区尿说 sʅ=私,东郊永强 sy(舌尖元音)、瑞安 søy="息遗切",都是由私改读合口的。

3. 嘴 zuǐ,此字后起,《说文》"觜,鸱旧头上角觜也",原指猫头鹰毛角,本开口即移切 zi,后转指鸟喙,又扩指动物与人之口。为了辨义才改为合口即委切,《集韵》才收或体"嘴"。

4. 踹 chuài 踩,元曲始见:康进之《李逵负荆》"踹不杀的老鼠一般"。原来只作"跐"(雌氏切)ci,后裂化为蟹韵写跐、写躧(仄蟹、所蟹切),再转到现代的踩 cǎi 和踹 chuài。踹应是从蟹韵开口转过来的(济南踩就说 ch-开口),u 增音既有辨义作用,也有照组舌叶撮口变化的音系基础。

5. 抓 zhuā,与《集韵》庄交切"《博(广)雅》:搔也"音义皆不合,这应是个借读字,其本字有人以为是张瓜切的"檛挝(挝)",那表棰击义,也不合。实际应来自"叝"(擖)的训读,《集韵》庄加切"《说文》:叉取也",《释名·释姿容》"五指俱往叉取也",本开口因强调而改合口(也有照组舌叶撮口变化的音系基础,长沙即说撮口 tɕyа),并借用了抓(《中原音韵》家麻合口、《语言自迩集》chua 皆已收)。《广韵》抓读"侧交切",爪读"侧绞切",皆肴(巧)韵 au 字,所以人们也可能以为今读 ua 是俩元音换位了。实际这类换位很少见,除了部分官话,爪字方言还是读巧韵的多,读 zhua 可能是受了抓的类化。

"廿"字为何今读作"念"？

"廿"字字形是"二十"的合体，字音本也是"二十"的合音，本读人执切＊njib＞ri。《广韵》辑韵人执切入组："廿，《说文》：二十并也，今作廿，直以为二十字。"但现在却读同"念"并可写成"念"（按，"念"作数词用时，可作为"廿"的大写）了。这个音是怎么来的？什么时候开始变化的？

顾炎武《金石文字记》三，引《开业寺碑》碑阴宋人题记"元祐辛未阳月念五日题"云："以廿为念，始见于此。"

"二十"读念，实际并不是从宋代开始的，五代丘光庭《兼明书》卷五已说"魏武之父讳嵩，故北人（菘）呼'蔓菁'而江南不为之讳也，亦由[犹]吴主之女名二十，而江南人呼二十为'念'，而北人不为避也"。（《东方语言学》第7辑所载拙作《吴语方言的历史记录及文学反映》也引了此例。）还有宋庄绰《鸡肋编》卷下记钱俶宰相号"沈念二相公"。从以上两例，可见这种变读原应是在五代的吴越国发展起来的。

杨慎《转注古音略》卷五,十四缉:"廿,《说文》'二十并也',颜之推《稽圣赋》'魏妪何多一孕四十,中山何夥有子百廿'。慎按:廿字诸韵书皆音入,惟市井商贾音念,而学士大夫亦从其误。如程篁墩,文集中书廿日作念日。古学不明,俗学胜也,可为一晓哉。"

其实此字读念,不一定是由于东吴公主名二十,主要当因"廿"音"日",因为需要避讳同音亵词"入"来的。李荣先生《论"入"字的音》一文说得很清楚,说此专用的"入"ri音流行于长江以北和西南各省区市,也见于吴语方言。旧《国语辞典》就引了《水浒传》"高声叫骂入娘撮鸟"(温州人也骂"碓你嬭入娘")。官话"入"字就因避此讳,所以今改元音为u的。

同音的"廿"字要避讳改音,不复走改元音之路,故改韵尾,并由-ib韵改-iim韵来区别。其原声母日母五代时北方虽已边音化与来母同类,但江南还是鼻音nj-故可转为泥母。正如杨慎所说,开始时使用于江南商界,而后扩散到各地各界。

又从音韵说,"廿"与"念"符合上古古韵缉侵对转关系,中古以后则相隔要远了,所以此变音虽至五代方被记录,而在东吴时就已发生是很可能的。或比北方入读u的变读发生更早。不过'入'属口语亵词,古籍记录罕见,很难寻觅。

作为语言文字学家的陈独秀

陈独秀在音韵学上的贡献,首先是写出了《中国古代语音有复声母说》一文,在他之前只有高本汉、林语堂提到汉语古有复声母,"惜语焉不详",所以他特地更为疏通证明,在林氏的 cl 类型外再依民族语增 mbl、nd……等。陈氏的古音构拟观念非常超前,要知道至今音韵学界还有人不信复辅音呢。

抗战中他还续著《古音阴阳入互用例表》,分周秦古韵为四类十系,穷探音变之究竟。2001 年中华书局编辑出版了《陈独秀音韵学论文集》。

陈独秀在文字学上,很早就写了《字义类例》(1925 年由亚东图书馆出版)一书,分"假借、通用、引申、反训、增益、俗读、辨讹、异同、正俗、类似"等十章,类举字例,说明文字的通用假借、孳乳变易,以及正俗讹误,分析字义的渊源。在《说文》之外再旁征经史传注、方言俚语来说明,罗列甚详(此书为线装影印本,我原来藏有一部,可惜"文革"中"破四旧"时在温州被抄掉了)。后来陈氏又屡在《东方杂志》上发表连载文章《实庵字说》,连贯甲金文和小篆而立其新说。

另有陈氏为语文教师编的《小学识字教本》,取三千习用字,先释其字根及半字根,再释字根所孳乳之字,依字形分化、词义发展和语言演变的规律来研究词的渊源关系,是同源词研究的巨著。1932年10月至1937年8月,陈氏在南京狱中即计划用历史唯物论观点来写文字的形成和发展,初名《文字初阶》,获释后颠沛于武汉、重庆,至1939年夏,隐居江津鹤山坪时方得续写,并易名为《小学识字教本》,一直写到1942年5月13日,当写到"抛"字时因人来访而辍笔未完稿,旋即卧病直至27日逝世。这本书是陈氏逝世前十年心血的寄托。幸其挚友时任中山大学校长的王星拱(抚五)藏有依手稿刻印的油印稿,1946年严学宭先生抄存,严氏1982年将其交由刘志成先生整理校订,再加广西大学沙少海教授也提供了油印本,1986年校竟,又为出版周折,1995年方于巴蜀书社出版。终于使我们今天还能读到它。我们要感谢这些先生和参与遗著整理的魏建功先生。早年陈子展写《国风选译》的时候,《柏舟》释"鉴"一节,就曾引用过这本书了,那时只是依据油印本吧。但这说明《小学识字教本》未正式出版前就已在文史界发挥影响。

陈独秀先生作为语言文字学家所留下的珍贵遗产,我们要好好重视、学习利用。相关工具书方面也要补录、介绍其代论著。

赵元任《施氏食狮史》古音标注

赵元任先生曾用现今同读 shi 音节的汉字,戏作一篇文言故事《施氏食狮史》。这些字现代都读 shi 了,其古音原不相同。具体如何变化趋同,可用我们所拟上古音标注出来予以说明。

为了对比方便,古音也试用汉语拼音方案标注,很简单:浊母用清母下加划或双写([z]标 s̲ 或 ss),长元音用双写,e 表比今读更高的后高元音,ê 表前次高元音。喉塞标',[j]标 y。

Hlal gyês hleg sri sre'
施 氏 食 狮 史
D̲yaag hlig hle s̲re' hlal gyês gyis sri,
石室诗士施氏嗜狮,
d̲yêds hleg gyeb sri.
誓食十狮。
Gyês d̲ye-d̲ye hlêg d̲ye' glils sri.
氏时时适市视狮。

Gyeb dye, gyês hlêg dye',

十时氏适市,

hlêg gyeb dyaag sri hlêg dye'.

适十硕狮适市。

Dyê' dye, gyês glils dyê' gyeb sri,

是时,氏视是十狮,

dye' gyeb dyaag hli' hngyêds,

恃十石矢势,

sre' dyê' gyeb sri dyêds hlêbs.

使是十狮逝世。

Gyês gyeb dyê' gyeb sri hli hlêg dyaag hlig,

氏拾是十狮尸适石室,

dyaag hlig hngyeb,

gyês sre' dyes hleg dyaag hlig.

石室湿,氏使侍拭石室。

Dyaag hlig hleg,

石室拭,

gyês hle' hlegs hleg dyê' gyeb sri hli.

氏始试食是十狮尸。

H̲leg d̲ye hle' hleg d̲yê' g̲yeb d̲yaag sri hli,

食时始识是十硕狮尸,

h̲lig g̲yeb d̲yaag d̲yaag sri hli.

实十硕石狮尸。

D̲yê' d̲ye, g̲yês hle' hleg d̲yê' h̲lig s̲res-h̲lig.

是时氏始识是实事实。

Hlegs hlaag d̲yê' s̲res.

试释是事。

可见声母清音的书 hl、hngy 与生 s̲r,浊音的禅 d̲y、g̲y、g̲l、船 h̲l 与崇 s̲r 皆可变 hy(转 x)与 sr,再变 sh-。

韵母舒声 i、e、(l)e、ê、al,入声 ig、eg、êg、yaag、(l)aag、eb、去入相混的 egs、êbs、êds 皆可变 i 再变舌尖元音-ï。很多字不同字音能够区分,但"石硕"不别,还不如今音有别。

"嬛"有五音,"甄嬛"应读什么?

新华社讯,《咬文嚼字》宣布了"2012年十大语文差错:发酵、潟湖、蒜薹、影后、爆头哥、贱内、囹圄、醉驾、阋墙、二零",本来编辑部还曾考虑过要把"几亿人念错的'甄嬛'的'嬛'"列入,并作为年度"代表",后因其日常实用性不高而放弃。编辑部介绍,嬛在《汉语大词典》有3音,嫏嬛的"嬛"读 huán,嬛嬛在疚的"嬛"读 qióng,表女子柔美的"嬛"读 xuān。甄嬛的"嬛"应读 xuān 才是,是电视剧《甄嬛传》误导观众普遍读 huán 了。

实际这里对嬛字音义,引列得还不够全面。依《汉语大字典》所收,嬛共有5个音切:《广韵》许缘切、於缘切,渠营切;《集韵》旬宣切,胡关切;今音并於缘于许缘,归为 xuān(阴)、qióng（阳)、xuán(阳)、huán(阳)四音。不过从《广韵》《集韵》注义看,其实这些音跟女子的命名也都是可以联系的,其中末后列的 huán:"女字",就是宋代定义的女子取名专字;又 qióng:《广韵》"好也",《集韵》"一曰淑媛也",也是称美女子的。可见女子若名嬛,即使读环、读琼也完全是可以的,不见得一定要说它是读错了。

只是"旬宣切"注"续也,一曰轻举"可能是《集韵》误读,按接续义来自《方言》卷一"嬛,续也,楚曰嬛",郭注"火全切"。火为清音,本应并隳缘切(广韵许缘切),不应读浊,"轻举"也是假借为"隳缘切"的"翾",那也可并于清音的。

结合《甄嬛传》中皇帝问名的剧情来看,皇帝所引"柔桡嬛嬛,妩媚姌嫋",来自司马相如《子虚赋》后半《上林赋》(编辑部就是以此定 xuān 音为准的)。按《史记·司马相如列传》"柔桡嬛嬛"注:"《集解》徐广曰:音娟。《索隐》广雅云:嬛嬛,容也。张揖曰:嬛嬛犹婉婉也。"娟原读於缘切,《汉书》嬛嬛就写作"於缘切"的"嫙",跟《文选·上林赋》注"於员"音同。这说明《上林赋》此字在汉魏六朝当时都是读影母(同婉)的。因此若依司马相如原文,甄嬛应读 yuān(阴)才是。《汉语大字典》《汉语大词典》附录於缘切于许缘切后,而不知何故都将之省并于今音 xuān(阴),这其实是不合适的,这造成了"嬛、嫙"不同音的糟糕结果。

按《集韵》仙韵隳缘切:"嬛,说文材紧也,引《春秋传》嬛嬛在疚,一曰:便嬛,轻丽。"此读 xuān;萦缘切:"娟,美貌""嬛,便嬛,轻丽。""嫙,眉貌,一曰好也。"此读 yuán。只有此音才可通"娟、嫙"。

"唯女子与小人为难养也"应如何理解？

《论语·阳货》："唯女子与小人为难养也,近之则不逊,远之则怨。"有人说,是孔子歧视妇女,把女性与厮仆一般看待。对这句话,旧时有种种不同的理解。但如果这表现孔子歧视妇女,那么岂非连他母亲和夫人也是难养的？

为了避开这一难题,有人则特地把"女子"改读为"汝子",说这是对有些学生说的,但是那又岂非更把这些学生跟厮仆一般看待了？

依我看应该这样理解：

"子"古义为孩子,此句"女子"即指女孩子。

《诗·斯干》："乃生女子,载寝之地,载衣之裼,载弄之瓦。"

《左传·襄公二十六年》："宋芮司徒生女子,赤而毛。"

《礼记·杂记上》："女子于王母则不配",郑玄注："女子,谓未嫁者也。"

这些语例的"女子"也都正指女孩子。女孩应是"女子"的古本义,"女子"泛指妇女倒是后来的发展。

古代"养"字除"养育、奉养"外,还有"调教、教育"义:

《周礼·保氏》:"养国子以道,乃教之六艺。"
《礼记·文王世子》:"立太傅、少傅以养之。"郑玄注:"养者,教也。"

所以这仍然是从教育的角度说的,只是说孔子觉得女孩子、厮仆辈调教起来比一般人家的男生有难度,如此而已。

这却表明孔子真是"有教无类",不但教平民,连女孩子、厮仆也教过了。

"唯女子与小人为难养也"续解

我的《"唯女子与小人为难养也"应如何理解》一文贴上来以后,引起了很多网友的关注。很多网友对把"小人"解释为厮仆不理解,那我再多说几句。

对"唯女子与小人为难养也"的"女子、养"所作新解,只是为了探究那句话在周代的本来意义。我们不是从孔子有没有歧视妇女的思想来说的,那在古代本来也很平常。

但对古人的话,当然要按他所处时代的词语本来的用法来理解,而不宜用后出变化意义去理解。比如有人说这句话里的"小人"指小孩,那就违背语言历史,把小孩说作小人,那是现在的吴方言,官话首见于《儿女英雄传》,那都是清代的,是很晚的事了。这就不可以用来解释古书。

在古代受教育的原来只有贵族子弟,也就是公子哥们(所以后来"子"从"公子"省变为尊称),女孩和小人原是没有受教育的权利的。孔子开始将教育普及平民,但对女孩和仆隶小人是否也进行教育尚待研究,这句话也可能是他对此作试探的一点感受。

"小人",朱熹《论语集注》说:"此小人,亦谓仆隶下人也。君子之于臣妾,庄以莅之,慈以畜之,则无二者之患矣。"此注对"小人"的解释是对的。(不过后一句则表明他把全句理解为蓄养臣妾之道,则是不对的。怎么说"女子"就是妾婢呢?)

在周代社会里,"君子"和"小人"是对立的阶级。《周易》繇辞里"小人"大多与"君子"对言,或者与"大人、大君、公"等对举。常说卜得某卦,君子吉,小人否;或小人吉了,大人否或"勿用"。谁来卜卦,占语竟然会大大相异。这些个"大人、小人"当然指的是社会地位的不同。

也就在《论语·阳货》同一篇里就有:"君子学道则爱人,小人学道则易使",那是说让小人受教的目的在更好使唤。

《汉书·董仲舒传》:"乘车者君子之位也,负担者小人之事也。"这都表明"君子、小人"社会地位的高下不同,至于把"君子、小人"从社会地位高下推衍为人品高下,则是词义引申的变化。这起于贵族眼里的偏见:君子该有那高尚道德水平,而小人只该有卑下的品质。

请看《左传》的记录:

《左传·襄公九年》:"君子劳心,小人劳力,先王之制也。"

《左传·襄公十三年》:"世之治也,君子尚能而让其下,小人农力以事其上,是以上下有礼。"

这里的"小人"说的是束缚于土地上的农奴式的农夫。

另一类是家中的仆隶。试看寺人(太监)伊戾的话:"小人之事君子也,恶之不敢远,好之不敢近,敬以待命。"(《左传·襄公二十六年》)这则是小人对主人所持态度的"远、近"观了。

所以孔子说的"唯女子与小人为难养也,近之则不逊,远之则怨"似可以这样译解:

> 女孩子和厮仆辈调教起来特有难处,对他们太亲近了,会不听从调教,疏远了则心生怨恨。

"出门看"还是"出看门"?

《石壕吏》是杜甫反映民间疾苦的名篇,常被选入古典诗文教材。但开篇的四句:"暮投石壕村,有吏夜捉人,老翁逾墙走,老妇出门看",其中"村、人"与"看"却不押韵。

不同版本的"出门看",有"出门首""出门守"和"出看门"等不同写法。"首、守"是更不押韵了(变韵押"走"也难以服人,与下文的韵不合。)只有"出看门"跟"村、人"是押韵的。

有人说这里"看"是方言的读法,跟"村、人"是合韵。但:

(1) 本篇内下文"室中更无人,惟有乳下孙,有孙母未去,出入无完裙","人、孙、裙"相押,跟"村、人、门"相似,而无另读寒韵的迹象;

(2) "看"在杜诗中一般都与"寒"押,如《月夜》:"今夜鄜州月,闺中只独看。遥怜小儿女,未解忆长安。香雾云鬟湿,清辉玉臂寒。何时倚虚幌,双照泪痕干。"

《空囊》:"翠柏苦犹食,晨霞高可餐。世人共卤莽,吾道属艰难。不凿井晨冻,无衣床夜寒。囊空恐羞涩,留得一钱看。"

《人日》:"此日此时人共得,一谈一笑俗相看。尊前柏叶休随酒,胜里金花巧耐寒。佩剑冲星聊暂拔,匣琴流水自须弹。早春重引江湖兴,直道无忧行路难。"

《九日蓝田崔氏庄》:"老去悲秋强自宽,兴来今日尽君欢。羞将短发还吹帽,笑倩旁人为正冠。蓝水远从千涧落,玉山高并两峰寒。明年此会知谁健,醉把茱萸仔细看。"

因此,不可能此处独用方言音相合韵。

照韵律看"出看门"是正确的。

从意义来看,"看"读平声是看守、照料之意,"看门"正是照看门户的意思,老翁跑了,只老妇出来照看门户,也是合乎诗意的。好多方言都有"看门"相当于看家的说法,此音都读阴平。

那种写作"出门守"的版本,从意义看,跟"出看门"是相同的。

所以从音义看,都说明应该选择"出看门"才对。

"帝"字的字源

帝,《说文解字》说是"谛也。王天下之号也。从二(古文上)朿声"。把它看作形声字,这自然是错的,乃依晚起形义来说解。吴大澂创说"帝"象花蒂之形,为"蒂"之初文,得王国维、郭沫若、陈独秀等诸大家赞同,传播广泛,几成定论。赵诚《甲骨文简明词典》虽较慎重,说"构形不明",但也引此说,"有人以为象花蒂之形,可备一说"。

把"帝"跟"蒂"联系起来的是中古以来这两字同音,但是上古这两字并不同部。"蒂"字原本不从帝声,原来作"蔕",乃是从月/祭部的"带"taads 得声的,殷周本读 teeds→汉 tees,跟锡部"帝"殷周 teegs→汉 teeh,其收尾一为收舌,一为收喉,大异其趣。"蒂"字既是个后起的俗字,把帝、蒂这两字联为一字实是昧于考古。

从甲骨文看,"帝"本作为天神和祖神的称谓,是"禘"(祭拜天神祖神)的初文。《尔雅·释天》"禘,大祭也",郭注:"五年一大祭。"《说文通训定声》解"禘"字云,汉儒说"禘"有三:郊祭、殷祭(五年再祭)、时祭。首一义是郊天,"《礼记·祭法》'有虞氏禘黄帝而郊喾',注:'此禘谓祭昊天于圜丘也。'《丧服小记》'不王不禘'注:'谓祭天',《诗经·长发》序笺'大禘郊祭天'是也。"按《丧服小记》又:"王者禘其祖所自出,以其祖配之"注:"禘,大祭也,始祖感天神灵而生,祭天则以祖配之。"《大传》:"礼不王不禘,谓祭感生之帝于南郊也。"这是祭拜始祖祖神,更早就追到图腾了,那是配天的,所以待遇近于天神。

祭天,古代习惯祭法是烧柴熏烟上闻的,《尔雅·释天》:"祭天曰燔柴。"《说文》又别有专字:"祡,烧祡燓燎以祭天神。""燎,柴祭天也。"《周礼·大宗伯》:"以禋祀祀昊天上帝,以实柴祀日月星辰,以槱燎祀司中、司命、飘师、雨师。"郑注:"禋之言烟,周人尚臭,烟气之臭闻者,槱,积也,《诗》曰'芃芃棫朴,薪之槱之'。三祀皆积柴实牲体焉,或有玉帛,燔燎而升烟,所以报阳也。"

故"帝"字即象架薪木烧祭,主体象薪木(参甲文"新(薪)"字左旁为带刀口的木),插一象加束加架。

 帝　　 新

天神祖神无可象,故借其祭礼以象之。甲文表神表祭皆通用"帝"字,金文又以"啻"表祭,后来才分化出"禘"作为祭的专字(我曾指出分化孳生专字即六书的转注法),如上引的"禘黄帝"。

华夏祖神中最著名的就是炎、黄二帝。"炎帝"指其善用火,《洪范》云"火曰炎上"。钱穆说,炎帝族能利用火于农业,就是"刀耕火种",放火烧山,以火开辟山林,所以又名烈山氏,又因其开创原始农业因而也被称为神农氏,以谓其能继承更古的发明种植谷物的神农氏的功绩。

"黄帝"之"黄",《说文》说是"地之色也",一般指为黄土地人民的祖神。说他有土德之瑞,以土德王,那就和农耕也相联系起来了。但据唐兰的研究,"黄"古义为系'韍'(即市,蔽膝围裙)用的分色腰带,这却与《帝王世纪》"黄帝垂衣裳"相符了,衣裳分上下,腰带为分界。元妃嫘祖养蚕缫丝,也得分色,传说黄帝以云纪官:缙云、青云、白云、黑云、黄云,其实也是分色(缙即为赤帛),而反映在衣裳腰带上(以五色云文为图案)。这是华饰文明的显示,可能正标志黄帝对华夏民族的贡献。

至于"帝"从祖神引指父考之神,以至发展为对当世帝王的尊称,那则是后来的词义发展了。

新词的引入与传播

每个语言、方言都会从别的语言或方言引入新词（或以新音改读的词），有的是因为新的事物的输入，有的是趋时尚新——赶时髦。

本来租用出租车说"打车"也就可以了，却从粤语引入"打的"，这"的"是从粤语对 taxi 的译音来的，要洋气时髦些。温州话"车"原读 cei，如"水车、风车、纺车、油车"都读 cei，但后来却改从上海话读 co，因为"汽车、火车、黄包车"等新词都是从上海传进来的。"卸"原读 sei，"卸货"的"卸"却改从上海说 xia，也是同样道理，新词跟着新事物一起引进。"舒适"本说"畅快、爽、舒服"，也学上海音另说 xiayi"写意"，这就是赶时髦了。

近现代通过吸收新事物引进的新词如"沙发、扑克、咖啡、可可、苏打、吉他、坦克、雷达、引擎、摩托、吉普、尼龙、雪茄、逻辑、幽默、摩登、模特……"，半译的"卡片 card、卡车 car、啤酒 beer、阀门 valve……"多从西方语言引来。那自然是必要的，但有些也是赶时髦的,像再见说"拜拜"之类。网络上更是出现大量的新词,通过新的传播工具,流播更快更广泛,其中就也有些是赶时髦的。

中华民族从古就善于接纳新事物,像"哥""狮""魔"等都是外来语。现知历史上最早引入词,是从狄语来的"轻吕"(剑),即周武王斩商纣王用的剑,和汉时匈奴单于用的"径路"双刃刀,都是 kingrāg 的对译。还有商周用作货币的海贝的"贝"也许来自马来语的 bia。

汉代从中亚、印度引入了新事物和宗教,同时引入众多新词,如蒲桃(葡萄)来自大宛语的 bādāwa,狮子来自古波斯语 šer。随佛教引入的有:佛 buddha、僧 saṃgha、菩萨 bodhisattva、罗汉 arhān、阎罗 yamarāja、头陀 dhūta、和尚 upādhyāya、夜叉 yakṣa、魔 māra、塔 thūpa、袈裟 kaṣāya、劫 kalpa、忏 kṣama、偈 gātāh、禅 dhyāna、刹那 kṣaṇa、南无 namas、瑜伽 yoga,等等。唐代引入的祆教萨宝,则后来成为三保,我在讲三保太监郑和之名时解释过。

哥哥,汉语原来一直称兄。北朝时鲜卑人称阿干,唐代时突厥人称阿哥 agha,因隋唐皇后多娶于突厥,皇室遂通行"阿哥"一词,以之称父称兄,或对子弟自称"哥"(唐太宗与高宗书即自署"哥哥敕",见《淳化阁帖》)。这样,称"哥"就时髦了,后来就通行全国,现在除了闽语和浙南,汉语方言称兄的,反而很少了。——旧时崇奉官家称呼不奇怪,温州话妻称"老安人",新娘称"新孺人",姑娘称"院主"(来自"县主"),就全是旧时封号。

近代以来,元曲里引用了不少蒙古语,连《水浒传》里王婆说的"大辣酥"(darasu,黄酒),也是蒙语。但能渗入汉语得以长远流传,如"站"jham那样的词并不多(有人说"胡同"是从蒙语 gudum 或水井 xudag 来,其实不对,那是从宋人的"后衕"来的)。满语贝勒 beile、格格 gege、萨其马 sacima、藏语糌粑 tsampa、哈达 khata,倒是常有听闻。这些都是随民族特有称号、事物进来的。

筷子古称"箸",商纣王用象牙箸被批评,说明其前用竹箸,发展了多年后才尝试不用竹木制作(殷墟有青铜箸出土)。但历代至元一直说"箸"不变。敦煌有吐蕃占据时代留下的藏文的《藏汉对照词语》残卷(藏伦敦大英博物院 S2736 号、S1000 号),其首条就是 thur-ma 对 tche'itse, tcha'o("箸子,抄")。西夏《番汉合时掌中珠》作"筯"(对西夏语音:则·泥得(合)* tse-du)。元代朝鲜通事用的会话教本《老乞大》第六页就说到"箸子"。但明陆容《菽园杂记》卷一说:"民间俗讳,各处有之,而吴中为甚。如舟行讳'住'、讳'翻',以箸为'快儿'、幡布为'抹布'。……此皆俚俗可笑处,今士大夫亦有犯俗称'快儿'者。"说明这"筷儿"原起源于江南,因为江南多以舟船为交通工具,才不喜欢停滞的'住',而要快。而在唐时"箸住"是鱼虞异韵时,两字也不同音,到五代、宋代两韵混后才有此需要。"快"这个词由方言进入通语后通行开来很快,并加竹头作"筷"。清《红楼梦》第四十回就用"筷子"。现在除了闽语、浙南,几乎全国说筷子了(北大《汉语方言词汇》除闽语、温州只说箸外,仅梅县在说筷外还说"箸")。陆容记明代士大夫也喜欢说"快儿"了,可见那是当时很时尚的叫法。

至于饺子原作"角子",宋代《武林旧事》写"角子",西夏《番汉合时掌中珠》也写"角子、馒头",当时汴梁人说成 kiao 上声(同《中原音韵》《四声通解》),南渡带到杭州,至今仍读如"绞",另有类似的入声字"雀"也读如绞_{男根},读如巧_{小鸟}。这个新音也传播至全国,并另造了"饺"字。

当时出现清入变上声这样变化的字还有"给"与"搭","搭"变读上声写为"打",是宋代的一项重要的新音传播,先是欧阳修《归田录》记了,后来戴侗《六书故》记了,但都说不出原因,直到俞敏先生写《打雅》，才揭开"搭"变 da 上，训读写为"打"这个谜。"打"读"德冷切"原是秦音，越南 danh 尚是此音，可现在方言能读"德冷切"的却只有吴语了。

这些都是由一处方言发端而影响全国的事例，它们大概都是因追逐时新而逐渐传播的。

外来字与外来词

《现代汉语词典》从第 6 版起增收了字母词条目,引起热议。其实当前每天浏览新闻,几乎没有不出现字母词的了。读者对此既有觉得简便的,也有觉得用得过滥或同形多致混的,也有觉得词义不明的,所以字母词的规范使用和准确解释是词典应负担的任务。收此作为附编是办了件好事。

字母词语既习见不鲜,字母词语的考察研究已经列为国家项目,厦门大学国学研究院资助出版的郑泽芝博士《大规模真实文本汉语字母词语考察研究》即是其一份成果。此书对《人民日报》《北京青年报》及其他报纸使用的字母词语搜罗甚广,并做了详细的考察、分析研究。

有人担心字母词会影响汉语的纯洁性。实际上是"杞忧"。汉语有强大的包容力。汉族本身就是以华夏族为中心融合历史上众多民族形成的,汉语也是这样融合形成的,早的如鲜卑、百越、畲族、回族改说汉语,史迹分明,晚的如满族改说汉语。

在融合时自然会吸收某些民族语言成分,比如上古汉语第一人称非常复杂纷歧,"我吾"一类见藏缅,而"余(予台)朕"一类见泰文。古汉语的"兄、姊",中古以来即被鲜卑突厥的"哥、姐"取代。汉字虽然自成体系,实际上吸收外语文字形体也史已有之。武则天从佛经取用卍字用于天枢,辽《龙龛手鉴》收卐,都定音读万,字形外来,读音汉化。近代取用阿拉伯数字、新式标点符号,对汉语表达更有好处。还有明代以来拉丁字母拼汉语,尤其记录人名地名,阿Q的Q就是鲁迅拼"贵"字的声母。近代更用于引进新词语,如X光、O型血,现代大众更见日用,如B超、CT、卡拉OK、BP机、T恤。它们也丰富了我们的语文生活。

汉语外来词史不绝书。最早的是对北狄语词的吸收。《逸周书·克殷》中周武王砍纣王之首用的"轻吕"剑,《史记·匈奴列传》作"径路刀",即突厥qīngraq(双刃刀)。张骞通西域,"苜蓿、蒲桃(葡萄)"等大量伊朗语词进入汉语(参:〔美〕劳费尔《中国伊朗编》中所列数十例)。东汉佛教传入,印度大量的佛教词汇传入并且汉化,如buddha"浮屠"省为"佛"(季羡林先生说来自吐火罗语pat,但"浮佛"皆浊音,与吐火罗清音p不合),bodhisattva"菩提萨埵"后省为"菩萨"(有些方言用来取代汉语"神"),后来dhyāna"禅那"省为"禅",māra"魔罗"省为"魔",

ksama"忏摩"省为"忏",brahma"梵摩"省为"梵",saṃgha"僧伽"省为"僧",kalpa"劫波"省为"劫",stūpa"塔婆"省为"塔",它们都极大地丰富了汉语,而非影响了汉语的纯洁性。

古来妇女的化妆日用品莫过于"胭脂",这却是个汉代匈奴语借词。详见《胭脂与焉支》篇。我曾经说明过,历史上一些有特殊读法的人名地名,一般是被汉族融合的原来民族语音的遗存,如"会稽、盱眙"来自古越语,会稽同泰文 khood-crii/kric(峰—矛),"盱眙"《榖梁传》作"缓伊[-'li]",同傣语 hun-li(道路—好)。我们的史学传统"名从主人",替我们的语言史保存了多么可贵的史料啊。但是并没有因此而使得汉语不纯粹了,一般人甚至不会意识到他口中的"葡萄、胭脂、哥、姐、佛、魔、僧、塔、会稽"等都是外来词呢。

词汇的古今替换

古汉语和现代汉语差别巨大,许多基本语词不但语音变了,有的是整个换了词。就拿汉语核心词中的身体词来说,古汉语的五官"面、目、鼻、口、耳"、躯体"首、颈/亢(吭)、膺、乳、腹"、四肢"臂、手、股、胫、足/止疋",现代都换说成"脸、眼、耳、鼻、嘴 | 头、颈/脖、胸、奶、肚 | 胳膊、手、大腿、小腿、脚"了,15个词里两千多年不变的只留下"耳鼻颈手"("颈"还说亢,只能算半个),大概才占百分之二十几。语词递变如此厉害,不同兄弟语言分家发展后,能保留共同成分的机会自然更少,所以一旦看到藏文还在用着"目 mig、口 kha、耳 rna、颈 ske、gre、膺 brang、乳 nu、腹 pho、臂 phjag、疋 njwa"相似音之词,自然会产生汉藏必有亲缘之感。

汉语这些词里有的古今语音大变,"耳、手"古为鼻音声基,今读却没了鼻音踪迹("手丑"同字分化,与丑同根的"杻扭狃"读niu',同于泰文 niw'、缅文 hn jouh 手指,战国秦汉以下因 h

冠后hnj-的鼻音消失,所留hj-与"首"hlj-来的hj-混为同音了,所以逼得人们把"首"改说为"头")。人颈为"亢"本见母,此词遗留到今体"引吭高歌"的"吭"则读匣母字。"嘴"本从开口"此"得声,今读合口。这和"尿"别读sui一样,本来于动词小便的"私"si,为分化读了合口。

递变替换词有的是老词,可是出现了词义变易。如"嘴"词义本指鸟喙而今扩大指人兽之口。甲骨文的"止"是表脚的,现代的"趾"却表脚趾,词义缩小了。"胳"本指腋下,"膊(髆)"本指肩甲,现在却指手臂,部位下移。所以藏文手说lag,与汉语古音"腋亦laag、胳klaag"同源,是同样的词义变化,实在不稀奇。

有的常用词被替换,用的新词不一定来自本语旧词,或用了方言甚至外来词。比如吃饭用"箸"为国人特色,今多数地方却改说成"筷",这实际是个近代才在江南局部流行起来的方言禁忌词。明陆容《菽园杂记》一:"民间俗讳,各处有之,而吴中为甚,如舟行讳住讳翻,以箸为快儿。"后来全国流行开了,才给安了竹字头。现代多数地方把兄长改称"哥"了,这是个中古的阿尔泰语借词,唐代皇室多与突厥结姻,母氏的叫法易在宫廷流行,所以把阿尔泰称父兄的qa借进了。

词汇递变替换是很快的,现在网络又助长加快了新词的普及,但有些古词新用却不一定能使古音复活,比如现在"囧"字又流行了,但很少人知道这个字的古音特囧,上古要读 *kmrang'(因为它是"明"字古体的左旁声符,词根应是 *mrang,说文"盟"正体也从囧从血不加月),秦汉才变 *kwrang',直到今天的 jiǒng。

同义连用复合词方言假借的辨识

汉语从单音词占优势，发展为双音词占优势，有多种多样复音化的方式。其中连用同义字来组成复合词也是重要方式之一。这类字既可单用，也可连用，有的原根词(字)很明显，如"土地、道路、门户、人民、骸骨、肌肉、牙齿，思想、艰难、盗窃、过错"，但也有些(尤其在方言中)用了假借字，原根词就模糊不清了，还会引起一系列的误解。

这种情况见于今古文献，甚至是经籍中，以此引起注疏争议。下面举几个例子。

今语"啰唆"，《汉语大词典》把 luo 阴平列于囉$_2$(《集韵》麻三利遮切)下，那是《集韵》解"啰嗦，多言"的。可是社科院语言所的《方言调查字表》不认可此音来自麻开三，而把囉唆中的"囉"列于戈合一，并注明其本字是"觀"。按《二十年目睹之怪现状》第四十七回、第七十七回都把啰唆写作"觀琐"，并见引于《汉语大词典》"觀琐"条。此"觀""琐"二字皆有繁细、琐碎之义,作为语源,音义并合,只是方俗都通用改写为"啰唆"了,实际却是假借字形。《汉语大词典》"啰唆"条列明异体"亦作'啰嗦''啰苏'",而未列"覶琐",自己内部未能做到很好的照应。

瓴缶,《墨子·三辩》:"农夫春耕夏耘,秋敛冬藏,息于聆缶之乐。"毕沅、王念孙都认为"聆"字当改为"瓴"。按王氏并引《淮南子·精神训》"叩盆拊瓴,相和而歌"为证,正是。《说文解字·缶》:"秦人鼓之以节歌"。《易经·离·九三》"日昃之离,不鼓缶而歌,则大耋之嗟"(太阳偏西快亮灯了,还不敲盆唱歌乐乐,到老了空自嗟叹),这"瓴缶"也属于同义连用词,表示当时民间陶制的敲击乐器(奥运开幕式误用金属贮冰缶,我已另有博文辨正)。

葫芦,显与《玉篇》"葫,大蒜"和《说文解字》"蘆,蘆菔"无关,原应是《集韵》模韵"瓠鑪:匏而圜者"。后一字在经典里常假借写作"廬"。《诗经·小雅·信南山》"中田有廬,疆埸有瓜,是剥是菹",此谓剥卢菹瓜,与《易经·剥》"硕果不食……小人剥廬"正同,剥的廬都皆指"鑪"而非房舍。而瓠字也作壶,《诗经·七月》"七月食瓜,八月断壶",毛传"壶,瓠也"。断壶也即表剥廬。钱剑夫先生1982年曾写《〈诗〉"中田有廬"解新探》已指出廬通卢,说即司马相如《子虚赋》中"瓠卢"、《尔雅义疏》"瓠艫、壶卢",也即今言葫芦的省文。其实也是单用、复合皆可,不一定属省文。

嗌喔,《易经·萃·初六》"若号,一握为笑"。闻一多《周易义证类纂》认为"一握"是"嗌喔"的假借。《楚辞·九思·悯上》"诶诶兮嗌喔",谓笑声也。按《韩诗外传》九"一幸得胜,疾笑嗌嗌"。《说文解字》作"谥,笑貌"。此在《集韵》伊昔切,而乙觉切并收有"喔,喔咿,强笑也""嗌,笑声"。后者谐声不合,应也是同义训读为"喔"。

《诗经》"笃生"释义

《诗经》在7首诗里用了7次"笃"字,旧注一般多泛解为"厚也"。

但有的很牵强,如《大雅·大明》二章"大任有身,生此文王",而生武王则作"笃生武王"(见《大雅·大明》六章)。同样是写王降生,厚生是怎么个生法呢?一般勉强说那是"生而得天独厚",牵强得很。所以马瑞辰《毛诗传笺通释》另解为"笃,发语词",高亨《诗经今注》也采用此说。

发语词多用鱼部之部唇喉牙字,笃音之类很少见。以此,马氏其实只不过是相当于宣告"笃"字在这里无义罢了。实际上,按训诂学"连文同义"之例,可以认为"笃生"的"笃"也表生;而且连《大雅·召旻》"天笃降丧"的"笃降"也可同样表"降生"之意。汉祢衡《鲁夫子碑》:"煌煌上天,笃降若人,邈矣悠哉,千祀一邻。"同样是"笃降"连文。

《史记·宋微子世家》"天笃下灾亡殷国"是从《尚书·微

子》"天毒降灾荒殷邦"改的,可见笃降也作毒降。《说文解字》"毒,厚也"徐灏笺"毒之本义为毒艸,因与笃同声通用而为厚耳"。表明这是用的声训,也是笃、毒通用。而"毒"*duug～*l'uug、"育"*lug因音近亦有通用之例,陆德明《老子德经音义》释文"毒之,今作育"。这说明"笃"表生育是有根源的。

此一音义尚留传于今民族语言中,【笃tuug】对当泰文tok跌落,tok-luuk产子,缅文thwak出、出产,还有突厥语,如维吾尔语tugh生(蛋)、土耳其语dogh诞生。

突厥语对当汉语-g尾的词,除了-q尾如aq白对【垩】(说文"白涂也")、-g尾如baeg伯克、长官对【伯】(《说文解字》"长也")外,也有不少-gh尾的词(gh表舌根浊擦音,此系据土耳其文字母"ğ"改为加-h来转写的,又据音也可转写为xh)。

除上述【笃】外,又如古突厥语:bogh包袱对【襥*bog】,bagh一捆、结子对【缚*bag】,tagh山、tagh-ïq爬山对【陟*tīg】,tugh旗帜对【纛*duug、*duugs】,等等,似非偶然。

方言中房子的说法

北方汉语一般称住房为"房、房子",南方方言一般称住房为"屋"。只温州话称"屋宕",依韵书,"宕"本音堂去声,《说文解字》"一曰洞屋也",温州话说成堂上声,可单指处所如"吃饭宕(饭厅)、赌宕(赌场)、头媌宕(妓院),客宕儿(客厅)",指地方也说"地宕、宕地",问何处说"若屋宕"。上海话说的"户荡",照温州话可写"户宕"。相反,房子内部的房间北方话多说"屋子"、南方方言多说"房、房间",温州话可单说"间",房间面积说"间宕",房内家具说"间底"。

最特殊的是处州吴语及闽语住房说"处",湖南沅陵乡话说"舍"。这些词更罕见更古老。

闽南语住房说 tshu 写作"厝"。此字原表砺石和措置,并无房屋义,乃是方言硬借。依照山区保留更老的语言特点来看闽语,如建瓯说 tshio、松溪说 tshyo,应是有腭介音的三等字,永安、三元说舌叶音声母应是昌、书母而非清母字,更与"厝"不合。从尤溪 tshy 看它应是"处"的口语音。浙江处州方言中房子也说"处"(如丽水 tshyu、庆元 tchye),它常用于地名。温州苍南严处、朱处,平阳毛家处,瑞安王处也是。"处"指居所,早见《易经·旅》"旅于处",《韩非子·外储左下》"季孙好士,终身庄,居处(家)衣服如朝廷"。福建浦城地名本就都写"处"的,近年说是要向闽南靠齐,奉命改成"厝",却真的改"错"了,令人啼笑皆非。

沅陵乡话住房说 tci(3),与"借"同声韵而读上声,因乡话书母字如"翅书水守少春"也读 ts、tc,因此可断为"舍"字。它可与藏文 sjag(住宅、居室)直接联系,在汉语方言中可算是仅见够老的。

"房"字可对藏文 brang(居所、住处),但"屋"字却无对,也许与泰文牲畜栏棚 gook 相关。我们知道汉字"家"*kraa 原象示中国古代居所是上住人、下关猪的,也即古越人所住干栏 kraan 的形象。所以越人后裔的侗台各族今都仍称房屋为"栏"raan,而南方汉语如吴、湘、客、粤、闽诸语则只称猪圈牛圈为"栏",词义窄化了,但栏棚与住屋之间在古人眼里则没有不可逾越的分界。

藏文中房子通常称 khang,那即对当汉语"家"*kraa 或

"居"*ka。家室说 khjim、对缅文 im,则对当汉语"窨"*qrüms,《说文解字》"地室也"。这是从穴居发展来的非常古老的居住方式,现今汉语难得还在说"地窨子"。

著名汉学家蒲立本先生提出汉语与印欧语有同源关系,很是大胆。但他未举现成的英汉对当词,比如说英语表家表房子的 home 就与"窨"相关,house 与"奥"*quugs(内室)相关。注意这是有条理的对应,另一些 h 母词如 he 与"伊"*qlil,而 head 与"页"*gleed(藏文 klad)相当,也是喉牙音。

语词的失传与误传

语词在语言里是有盛衰直至消亡的,有些词在汉语白话官话里已经消失,在方言和民族语中还留着,比如白语"逃"说"亡"mo,"偷"说"盗",穿衣说"衣(去声)衣",老二说"仲"tsv,砍柴叫"斫薪",都是汉语白话中已经消失的文言词;白话中"佪侊、迢递、啰唣、院主(闺女)、生受(麻烦)"官话大都不说,可温州话原来还说,但现在只"院主(闺女)、生受(麻烦)"还说,"佪侊(放荡不羁)、迢递(远)"已少听见,"啰唣"只听我的长辈说过"个地方啰唣",我这辈已经不说。

语词的误传在民族语之间尤其容易发生,2007 年 7 月我曾在新浪博客上发过《"塞思黑""阿其那"不是猪狗》一文,说明有些历史书与小说盛传的雍正贬称其反叛弟为猪狗,实际按满文应为"厌物 sesheri、丑鬼 ekcin"。梁羽生《七剑下天山》20 回:"'木什塔克'是一句维吾尔族话,'木什'是山,'木什塔克'便是冰山。"此话说反了,按维吾尔族语木什 muz 是冰,塔克 tagh 才是山。

择定本字要重视历史记录的价值

温州方言"要"说作"意"[i 阴去],应该写何字呢?一说就是"意"字,因可表想,从而引申为欲;一说就写"要"字[iɛ 阴去],说因常用而丢失主元音(并且"要紧"也说成"意紧")。这好像也都可以说得通。但幸亏温州话百年前就有被教会罗马字所记录,我们于是知道,i 原先是说 e "爱"的,那就和客家话说"爱"oi 一样了,这些历史记录就可以把前面两种猜想否定了。

温州话称已婚妇人为"老宁客",口语中宁[nɐŋ]常是"人"字的白读。可是妇人为何是"老人客"呢?温州话里并没有把姑娘叫"新人客"啊,因此找不到理据。所以这个词一度在温州的报纸上引发论争,"銮迎客"(花轿迎娶的客)、"老娘客"(说娘是借用官音)等不同写法都有人提出,莫衷一是。我们一看教会罗马字记录,原来本是说"老安人客"的,后来"老安"并为一音,才变成"老人客"的。这就对了,因为温州话,称夫妇为"男子-老安人",已婚男人为"男子客",已婚女人自应是"老安人客"。这是从历史记录中得到的结果,足以平息纷争。

温州话称未婚闺女叫"院主",有人写作"媛子"。主、子今同音,不能区别对错,从教会罗马字时代来看,"主、子"不同音,"主"音合而"子"音不合。明清之交的长篇小说《醒世姻缘传》以"院主"表姑娘亦可为证(此书常有江南俗语,可能由大运河传播,温州俗谚"鼓楼下雀(将)儿——吓惯爻",有人认为当作"谷砻下雀儿",而此书也正作"鼓楼下")。

温州话中搞、弄说"妆",同音的有"钟、纵"等,到底是"钟"韵字还是"阳"韵合口,一直难定。从元代高明《琵琶记》第二十二出:"百愁万苦千'生受','妆'成这证候。"则能落实这个字应该写成"妆"(此字,温州话文读＝臧,白读＝锤)。

所以应该重视各种历史记录,不管是小说、戏曲、唱本、杂字,还是教会罗马字材料,都应搜罗,加以运用,而不能局限于语文疏释资料。

清华简《耆夜》写的是旅酬

清华简的发布是考古界大事,同时也引发真伪之争。尤其是《耆夜》篇:"武王八年征耆,大戡之。还,乃饮(飲)至于文太室。"姜广辉先生即质疑:凯旋饮(飲)至之礼,首要应是告庙祭祀,然后饮(飲)至、舍爵、策勋,本简却只叙述分配酒会之角色,写成作歌酬宾的赛歌会了,而且周公的《蟋蟀》之歌是抄后世《唐风》的,可为作伪之实证。

事实上,这篇简并非写饮(飲)至礼全程的,而是写祭祀后酬宾尤其是"旅酬"那一段事的。古代祭毕饮宴,举杯酬宾,主宾兄弟间相互敬酒称为"旅酬",分见《礼记·曾子问》《礼记·中庸》《仪礼·燕礼》。酬,又作醻,见《小雅·小弁》"如或醻之",郑笺"醻,旅醻也",孔疏:"酬有二等,既酢而酬宾者,宾奠之不举,谓之奠酬。至三爵之后乃举向者所奠之爵以行之,于后交错相酬,名曰旅酬,谓众相酬也。"结束旅酬,相当于《左传·桓公二年》中的"舍爵"。

除《曾子问》"祭如之何则不行旅酬之事矣",朱子注《中庸》"旅酬下为上,所以逮贱也"时,也说:"旅,众也。酬,导饮(飲)也。旅酬之礼,宾弟子、兄弟之子各举觯于其长,而众相酬。盖宗庙之中,以有事为荣,故逮及贱者,使亦得以申其敬也。"

清华简此篇则告诉我们导饮(飲)时是都要吟诵诗歌来劝酒的。劝酒歌可以自作,也可用现成传唱的,周公采用民间传唱已久的风歌也不奇怪,正因为民间传唱,没有固定的文本,词句异同皆很自然,不必取此来证伪。

从文字和诗歌古韵观察,尚未发现有不合于古的情况。"耆夜"的"夜"来自武王"夜爵"酬宾,整理者释为"舍爵",舍者置也,未敬先置有点不合,照意义似当作"举爵",古音夜 laags,舍 hlaaq、举 klaq,都是 la' 根字,皆可说得通。

说"查"与"虍"

现今立身不太干净的大小官儿,最听不得"查"字,不用说听到纪委有人来查案,即或是来调查、考查,也会胆战心惊。

但就"查"字本身说,从木且声,是个形声字。读浊母的"查",后来转注滋生作"楂",表木筏,又表斫木残根,也作"槎"。读清母的"查",转注滋生作"楂",表水果山楂。这些,好像都难以与"查究义"直接联系和相互引申。

从词族关系上观察,"查"与同谐声的"鉏",在"挖根锄秽"的意义上倒可以联系,"查"不正有"残根"一义稍能相关吗?再从读音上说,考查这一新义是中古官场新起之词,也许还有可能从考察分化而来,不过借用了与察相近而读舒声的查字。

至于樝字,所从的虍,音义都很怪异。《广韵》《集韵》中,虍声字有十余个,可见这在古代应是个常用字,但经籍却罕用。《说文》"虎不柔不信也",骤看也令人不解,难道世上还有又柔又守信的虎?虍声字多为麻韵字,但虍却读昨何切,归歌韵,按且声字本鱼部,不可能读歌韵,看来《广韵》所注又读"才都切"才是本读,上古音 zaa,至中古习用未变,乃与"爸、匍—爬、怖—怕"等滞 a 不变字同归歌韵,是一种滞留音变。

这样看来,虘应是上古习用词,表又凶又野,难以驯服、测度的虎。这个词汉语后来废弃了,可周边民族语中还保留着,泰文 sīa 虎,藏文 gsa、bsa 草豹、雪豹,都是。

现在都把贪官比作老虎,那么"查虘"正可表现挖除贪官的行动。

参考文献

安瓦尔·巴依图尔　克由木·霍嘉　1982　《关于"吐蕃"一词的语源考证》,《新疆社会科学》第3期。

白化文　2009　《"推潭僕远"和"知唐桑艾"》,《文史知识》第11期。

包拟古　1980　《原始汉语与汉藏语》(潘悟云、冯蒸译),中华书局。

陈独秀　1995　《小学识字教本》,巴蜀书社。

陈永龄　1987　《民族词典》,上海辞书出版社。

陈子展　1957　《国风选译》,古典文学出版社。

丁声树　1947　《"碏"字音读答问》,《"中研院"历史语言研究所集刊》第11期。

丁声树　1962　《说"庢"字音》,《中国语文》第4期。

董同龢　1948　《上古音韵表稿》,《"中研院"历史语言研究所集刊》第18期。

多田贞一　1986　《北京地名志》(张紫晨译),书目文献出版社。

富丽　1980　《"阿其那""塞思黑"新解》,《文史》第10辑。

高亨 1980 《诗经今注》,上海古籍出版社。

高亨 1984 《周易古经今注》,中华书局。

龚方震 1983 《唐代大秦景教碑古叙利亚文字考释》,《中华文史论丛》第 1 辑。

龚煌城 2002 《汉藏语研究论文集》,"中研院"语言学研究所筹备处。

龚煌城(Hwang-cherng Gong) 2005 《原始汉藏语的韵母系统》(*System of Finals in Proto-Sino-Tibetan*)(王士元、李葆嘉主译),《汉语的祖先》(*The Ancestry of the Chinese Language*),中华书局。

郭沫若 1962 《青铜时代》,郭沫若著《沫若文集:第十六卷》,人民文学出版社。

郭沫若 1982 《释干支》,《郭沫若全集:考古编》(第一卷:甲骨文字研究及殷契余论),科学出版社。

哈·史图博 李化民 1932 《浙江景宁敕木山畬民调查记》,《中研院社会科学研究所专刊》第 6 号,中研院社会科学所。

何新 1988 《龙年说龙——答中央电视台记者问》,何新著《神龙之谜:东西方思想文化研究与比较》,延边大学出版社。

何震亚 1937 《匈奴与匈牙利》,《中外文化》第 1 期。

黄典诚 1996 《诗经通译新诠》,华东师范大学出版社。

黄盛璋 1982 《有关吐谷浑故都——伏俟城的若干历史地理问题》,《历史地理》第 2 辑。

金鹏 1958 《藏语拉萨日喀则昌都话的比较研究》,科学出版社。

金庸　1980　《神雕侠侣》,生活·读书·新知三联书店。

李方桂　1971　《上古音研究》,台湾《清华学报》新9卷1—2期合刊。

李季　1938　《二千年中日关系发展史》,学用社。

李锦池　1981　《周易通义》,中华书局。

李荣　1982　《论"人"字的音》,《方言》第4期。

梁启超　2008　《中国历史研究法》,人民出版社。

梁羽生　1996　《七剑下天山》,广东旅游出版社。

刘复　李家瑞　1978　《宋元以来俗字谱》,文海出版社。

刘维新　1998　《西北民族词典》,新疆人民出版社。

路易·巴赞哈密屯　1992　《"吐蕃"名称源流考》(耿昇译),《国外藏学研究译文:第九辑》,西藏人民出版社。

罗常培　1950　《语言与文化》,国立北京大学。

罗常培　1961　《唐五代西北方音》,科学出版社。

木宫泰彦　1980　《日中文化交流史》(胡锡年译),商务印书馆。

钱剑夫　1982　《诗〈中田有庐〉解新探》,吴文琪(主编),《语言文字研究专辑:中华文史论丛增刊(上册)》,上海古籍出版社。

乔健　谢剑　胡起望　1988　《瑶族研究论文集》,民族出版社。

全广镇　1996　《汉藏语同源词综探》,台湾学生书局。

泉井久之助　1953　《关于刘向〈说苑〉第十一卷中的越

歌》,《言语研究》第 22—23 期。

冉休丹　2010　《李白〈静夜思〉别解》,《文史知识》第 4 期。

任乃强　曾文琼　1982　《〈吐藩传〉地名考释(一)》,《西藏研究》第 1 期。

任乃强　1990　《任乃强民族研究文集》,民族出版社。

任筱萌　1999　《"东西"指称万物的由来及其流变》,《汉字文化》第 1 期。

邵献图　1983　《外国地名语源词典》,上海辞书出版社。

沈兼士　1985　《〈广韵〉声系》,中华书局。

施联朱　1987　《畲族研究论文集》,民族出版社。

施向东　2000　《汉语和藏语同源体系的比较研究》,华语教学出版社。

斯·阿·斯塔罗斯金(S. A. Starostin)　2010　*Reconstruction of Old Chinese Phonology*(《古代汉语音系的构拟》),(林海鹰、王冲译),上海教育出版社。

孙伯绳　俞运之　1958　《古代的简化汉字》,文字改革出版社。

藤田丰八　1935　《月氏故地与其西移年代》(杨炼译),《西北古地研究》,商务印书馆。

汪荣宝　1923　《歌戈鱼虞模古读考》,《国学季刊》第 1 卷第 2 号。

汪向荣　1985　《中日关系史文献论考》,岳麓书社。

王国维　1959　《观堂集林》,中华书局。

王静如　1947/1998　《重论 ars'i、argi 与焉夷、焉耆》,王静如著《王静如民族研究文集》,民族出版社。

王力　1957　《汉语史稿》,科学出版社。

王力　1980　《音韵学初步》,商务印书馆。

王文耀　1998　《简明金文词典》,上海辞书出版社。

王尧　1982　《吐蕃金石录》,文物出版社。

韦庆稳　1981　《〈越人歌〉与壮语的关系试探》,民族语文编辑部编《民族语文论集》,中国社会科学出版社。

闻一多　1956　《周易义证类纂》,闻一多著《古典新义》(闻一多全集选刊),上海古籍出版社。

吴汉痴　1989　《切口大词典》,上海文艺出版社。

萧一山　1986　《清代通史》,中华书局。

许进雄　1995　《古文谐声字根》,台湾商务印书馆股份有限公司。

牙含章　1980　《关于"吐蕃、朵甘、乌斯藏"和"西藏"的语源考证》,《民族研究》第 4 期。

易熙吾　1955　《简体字原》,中华书局。

易中天　2006　《大话方言》,上海文化出版社。

游文良　1999　《浙江省少数民族志》,方志出版社。

俞敏　1984　《后汉三国梵汉对音谱》,俞敏著《中国语文学论文选》,株式会社光生馆。

俞敏　1989　《汉藏同源字谱稿》,《民族语文》第 1—2 期。

俞敏　1992　《"打"雅》,俞敏著《俞敏语言学论文二集》,北京师范大学出版社。

裕尔·H(H.Yule) 考迪埃 2002 《东域纪程录丛》(张绪山译),云南人民出版社。

张爱玲 1992 《张爱玲文集》(四卷),安徽文艺出版社。

张清常 1990 《胡同及其他》,北京语言学院出版社。

章太炎 2014 《新方言》,章太炎著《章太炎全集》,上海人民出版社。

赵诚 1988 《甲骨文简明词典》,中华书局。

赵元任 1980 《施氏食狮史》,赵元任著《语言问题》,商务印书馆。

赵则玲 2004 《浙江畲话研究》,浙江人民出版社。

郑锦全 1988 《汉语方言亲疏关系的计量研究》,《中国语文》第2期。

郑锦全 1994 《汉语方言沟通度的计算》,《中国语文》第1期。

郑张尚芳 1980 《圳字字音琐谈》,《温州师专学报》第2期。

郑张尚芳 1981 《汉语上古音系表解》,浙江语言学会首届年会论文。

郑张尚芳 1993 《上古缅歌——〈白狼歌〉的全文解读》,民族语文第1—2期。

郑张尚芳 1996 《古越语地名人名解义》,《温州师范学院学报》第4期。

郑张尚芳 1997 《越人歌的解读》(孙琳、石锋译),南开大学中文系《语言研究论丛》编委会主编《语言研究论丛:第七辑》,语文出版社。

郑张尚芳　1998　《说"牖中窥日"之"牖"》,《文史知识》第7期。

郑张尚芳　2006　《释"束"——兼说"重敕陈量曹"中东同为种子义》,刘利民、周建设主编《语言:第六卷》,首都师范大学出版社。

郑张尚芳　2006　《古译名勘原辨讹五例》,《中国语文》第6期。

郑张尚芳　2009　《夏语探索》,《语言研究》第4期。

郑张尚芳　2011　《敦煌〈藏汉对照词语〉解读及所记的唐五代虚词语音变化》,中国社会科学院语言研究所历史语言学研究编辑部主编《历史语言学研究:第四辑》,商务印书馆。

郑张尚芳　2013　《上古音系(第二版)》,上海教育出版社。

郑张尚芳　2014　《大夏西迁及大夏、月氏、焉夷、龟兹的对音勘原问题》,许全胜、刘震编《内陆欧亚历史语言论集——徐文堪先生古稀纪念》,兰州大学出版社。

中国航海史研究会　1985　《郑和家世资料》,人民交通出版社。

周一良　2010　《读书杂识》,周一良著《魏晋南北朝史论集》,北京大学出版社。

Axel Schuessler(许思莱)　1974　R and L in Archaic Chinese. *Journal of Chinese Linguistics*. Volume.2 number 2.

Coblin, Weldon South(柯蔚南)　1986　*A Sinologist's Handlist of Sino-Tibetan Lexical Comparisons*,(汉藏语系词

汇比较手册）*Institut Monumenta Serica XVIII*.（华裔学志丛书十八）。

E.G.Pulleyblank（蒲立本） 1979 *The Consonantal System of Old Chinese*（上古汉语的辅音系统）（潘悟云、徐文堪译），中华书局。

Fang Kuei Li（李方桂） 1977 *A Handbook of Comparative Tai*, Hawai'l：University of Hawai'l Press.（按，中译本有丁邦新先生译《比较台语手册》，清华大学出版社 2011 年出版）

Hwang-cherng Gong（龚煌城） 1980 A comparative study of the Chinese, Tibetan, and Burmese vowel systems.《"中研院"历史语言研究所集刊》第 51 本 3 分册。

Pelliot Paul（伯希和） 1904 Deux Itinéraires de Chine en Inde, *BEFEO*. IV.

R.Forrest（富励士） 1967 A reconsideration of the Initials of Karlgren's Archaic Chinese, *T'oung pao*（通报）Volume.53.

William H.Baxter（白一平） 1992 *A Handbook of old Chinese Phonology*, Mouton de Gruyter.

说明：文中前带星号（*）的音标记音形式代表这些语音形式是由人工构拟的上古汉语，并非实际真实语音，与一般方言和民族语的记音性质不同。

漫话史语皆学问——父亲与他的博客

父亲是2006年73岁时开始写博客的,那时新浪博客刚刚兴起没多久。父亲永远对新鲜事物保持好奇心和兴趣,经常看到报纸上或网上有什么新词或新事物就来问我什么意思。有一天,他来问我"博客"是怎么回事,于是我就帮他开了新浪博客。

刚开博客的时候,他还不太会操作,也不太会写适合博客的文章。最初发表的几篇博文其实是我根据他的学术论文作摘编后发布的。父亲的学习能力很强,很快他就可以自己上手了,一开始是他写好,我帮他排好版发上去,后来他就可以自己写自己发,只在显示不正常的时候我帮他调一调,或者需要插入图片或古文字的时候,他才找我帮忙。

父亲对博客上的文章向来是很认真的,博文经常是改了好久才发上去,发上去之后又能改好几遍。即使已经完全可以自己发博客的时候,他也总是坚持先让我看看。常常我一回家,父亲就说:"你来看看,我今天又写了一篇新博客,解决了某某问题。"有时候我很晚回家,父亲还在等我:"等了你一天。看看我这篇新博客有没有问题,我好赶紧发上去。"他不在北京时,还会发短信让我去看他新发的博文。

父亲学问广博,熟稔音韵学、方言学、周边民族语言,对古代历史、古代文学、训诂学、古文字、简帛、历史地理及《周易》等经籍都有研究,他甚至对古人类学也一直保持非常浓厚的兴趣。因此他的博文以语言文字为主轴,而在多个领域内纵横驰骋,各种材料信手拈来,熔于一炉。许多博文破除旧说,正本清源,尤其如《"支那"真正的来源》《史书中日本为什么叫"倭奴"?》《胡同非借自蒙古语水井》《"床前明月光",究竟是哪张床?》《吐蕃的"蕃"究竟怎么念?》《朝韩语朴姓不读"Piáo"》《"胡"人的原语》《东西为什么叫"东西"?》《"塞思黑""阿其那"不是猪狗》《张爱玲传播的通俗语源》等篇,纠正了一些流传甚广、影响颇深的谬说。

父亲非常乐于在博客里与网友交流,热心回答网友提出的各种学术问题。有一回,有网友在留言里发了一个根据父亲上古拟音制作的电视剧《封神榜》片段配音,父亲很是赞许,就让我把视频转发到他的博客。这篇《喜见影视上古音配音》的博文,回忆了他年轻时与潘悟云先生抄书、排比古音字表的工作,鼓励年轻人去下功夫探索和试验,还对视频中的配音和字幕提出了修改建议。

对博客这种形式,父亲很喜欢,一旦有新的想法,马上就可以形成文字,发在网上与大家交流。他的博客大概保持一个多月就更新一篇的频率,有时候甚至一个月有两篇。父亲作为学术大家,博客内容丰富语言通俗,经常有新观点破除旧说,很快就成为卓有影响的学术博客。截止到 2017 年底,他一共发了 105 篇博客文章,每篇都有不错的点击量。有几篇还被新浪推荐到不同频道的首页,点击量更以数万计。2006 年 12 月 6 日,父亲应邀去新浪直播间讲"中国古代的'普通话'"。那天父亲兴致很高,回答了主持人和很多网友通过网络提出的问题。访谈的记录后来发在了博客里,主要内容以记者问的形式又发在了《光明日报》国学版上。

2009 年,《语言文字周报》的《史语漫话》专栏开始登载父亲博客上的文章,父亲的博客得到了更大范围的传播,尤其是得到了更为专业的传播平台的支持,在学界也产生了更多影响。周有光先生正是看到《语言文字周报》刊载的《"支那"真正的来源》,来信表示"茅塞顿开",并邀父亲至家面谈。

2017 年,上海教育出版社欲将父亲的博客文章结集为《胭脂与焉支 郑张尚芳博客选》,选目及初稿父亲都曾亲览,参考书目由父亲亲拟,出版社也多次就编辑或出版的问题与父亲沟通。这本书现在终于出版了,虽然父亲生前没能看到这本书,但我想他在天堂一定能看到,一定会很高兴的。谢谢上海教育出版社,谢谢徐川山先生与责任编辑廖宏艳女士,谢谢潘悟云先生、王弘治先生、郑子宁先生审读校核文稿,谢谢银连桐先生为本书绘制插图,谢谢龙国贻女士,谢谢所有为这本书付出的人们。

对父亲来说,世界上最大的事情莫过于学术。只要能从事学术研究他就有欢乐,人生就有意义。这支持他走过了"文革"的昏暗岁月,也支持他走过了学术生涯中"连遇魑魅"的时期。从2015年之后,父亲身体就不大好,但他一直坚持写作,每年都发表5篇以上论文,编出了《温州方言文献集成》与《浙江省语言志》,同时还有多部书稿进入出版程序。他最后一篇博文是2017年11月16日发布的《说"查"与"虘"》,那个时候是他两次住院的间隙,正在老家疗养。11月底,他准备回京参加第50届国际汉藏语言暨语言学会议,考虑他的身体,我本来劝他不要去。但他说,这可能是我最后一次参加了,没有下次了。听了我不禁潸然泪下,只好把他接回北京参会。再次住院后,他念兹在兹的还是学术。他曾伤感地对前来探视的潘悟云先生说:"我现在写不了东西了。"也曾向我母亲抱怨:"我现在活着还有什么意义,不能写文章,也不能敲电脑。"

他那时候一直想发一篇关于"转注"的博文,想厘清长期以来对"转注"造字法的误解。他认为"转注"是取音义相类同源字来翻新,按别义需要在旧字上改窜笔划加区别(如:句—勾、刀—刁、荼—茶、已—巳、角—甪、小—少、大—太),或添加形旁(如:令—命、七—切、東—種、它—蛇、莫—暮、北—背)、声旁(如:老—考、网—罔、晶—星、夕—夜、門—闖)成分来分化,因此一般统称的"形声字"中其实包括部分转注字,它们是假形声、真转注。可惜这篇博文最终未能成稿,幸好之前他已经完成了论文《重视转注——同根分化字对古音研究的重要作用》。

由于父亲的学问我尚未入门,对本书的内容我不敢多说,只能在这里交代一些背景。父亲一直希望我能在学术上继承他的衣钵,可惜上大学的时候不懂事,坚持自己选择。后来虽然也几次跟父亲学习音韵学,但我都没有坚持下来。每思及此,我真是痛悔不已。好在父亲的学术,有潘悟云先生带领一众弟子发扬光大,父亲也可以含笑九泉了。

郑任钊
2019 年 3 月于北京霞光里

图书在版编目(CIP)数据

胭脂与焉支:郑张尚芳博客选/郑张尚芳著.—
上海:上海教育出版社,2019.4(2022.8 重印)
ISBN 978-7-5444-9027-6

Ⅰ.①胭… Ⅱ.①郑… Ⅲ.①汉语-文集 Ⅳ.
①H1-53

中国版本图书馆 CIP 数据核字(2019)第 055794 号

封面题签　焦　磊
插　　图　银连桐
责任编辑　廖宏艳
封面设计　陆　弦

胭脂与焉支
郑张尚芳博客选

出版发行　上海教育出版社有限公司
官　　网　www.seph.com.cn
地　　址　上海市闵行区号景路159弄C座
邮　　编　201101
印　　刷　上海盛通时代印刷有限公司
开　　本　787×1092　1/32　印张　9.875　插页　5
字　　数　155千字
版　　次　2019年4月第1版
印　　次　2022年8月第3次印刷
书　　号　ISBN 978-7-5444-9027-6/H·0311
定　　价　65.00元

如发现质量问题,读者可向本社调换　电话:021-64373213